Alfred Reichel
Noch mehr Bier-Gedichte

Layout, Satz & Umschlaggestaltung: Max Rieger
Herstellung und Verlag: Books on Demand GmbH, Norderstedt

ISBN 978-3-8482-1300-9

Bibliografische Information der Deutschen Nationalbibliothek
Die Deutsche Nationalbibliothek verzeichnet diese Publikation in
der Deutschen Nationalbibliografie; detaillierte bibliografische
Daten sind im Internet über www.dnb.de abrufbar

All denen gewidmet,
die Bier oder wenigstens mich mögen.

Welcher andere deutsche Dichter würde solche Worte fin-
den? *Der Windhauch, der mich nachts durchs offene Fenster
sanft berührt, bist du.* Kein anderer als mein alter Freund
Alfred Reichel. Wenngleich es als unwahrscheinlich gelten
kann, dass er im Dichterhimmel mit Schiller und Goethe auf
einer Wolke zu sitzen kommt, steht er ihnen an Inbrunst und
Leidenschaft in nichts nach, ist ihnen jederzeit ebenbürtig,
ja, kann in seinen besten Momenten gleichziehen, wenn
nicht gar an ihnen vorbeiziehen.

Alfred Reichels Gedankenwelt widmet sich der Veredlung
eines Getränkes, das für ihn weitaus mehr ist als ein einfa-
ches Getränk. Sein Streben ist es, den Göttern „Biergedichte"
darzubieten und uns Normalsterblichen das heilige Getränk
„Bier" in vollen Zügen munden zu lassen.

Alfred Reichel ist ein Poet, der sich mit dem Leben in seinen
Höhen und Tiefen auskennt. Seine famosen Biergedichte
bedienen sich eines Sujets, dem Hopfen- und Malzgetränk,
um gleichsam auf dessen Rücken sich oftmals der wahren
Menschheitsthemen anzunehmen. Er weiß, dass es Zeiten
der Freude und Zeiten der Trauer gibt. Oder um es in den
Worten von Machiavelli auszudrücken: „Die Zeit bläst vieles
vor sich her, Gutes wie Schlechtes, Schlechtes wie Gutes." So
weiß er seine Euphorie *(könnte es im Paradies schöner sein?)*
auf ebenso brillante Weise auszudrücken, wie er um seine
tiefsten Verzweiflungen keinen Hehl macht: *Ich konnte es
lange nicht fassen, du hattest mich verlassen.*
Überhaupt lohnt es sich sicherlich, eine umfassende tiefen-
psychologische Untersuchung anzustellen, welche Rolle das
andere Geschlecht für den großen Dichter einnimmt. Zu
vermuten ist, dass er zwar das Bier in allen Tönen - und zwar
in den schönsten denkbar - lobpreist, dass es aber die Frauen

sind, die er fürwahr vergöttert: *Denn ich bin voller Gier nach DIR. Ich hab wahnsinnige Lust, dich zu küssen und möchte mich nicht länger beherrschen müssen.* Wann wurde zuletzt ein solch großartiges Liebesgedicht geschrieben?

Alfred Reichel ist ein bekennender Heimatdichter *(Ich bin für mein Leben gern ein Weil der Städter),* der seinen Horizont aber weit in die Welt hinaus ausdehnt. Ob er sich mit Themen wie der Eurokrise - auf typisch schwäbische Weise - beschäftigt *(Wird´s den Euro in ein paar Monaten noch geben? Wie soll ich gegebenenfalls ohne mein Erspartes leben?)* oder dem Fernweh seiner Schüler *(Die Schule ist aus, ihr geht in die weite Welt hinaus),* immer ist eine tiefsinnig philosophische Neigung zu verspüren, die nach des Pudels Kern zu fragen - ja zu bohren - gewohnt ist. Seine umfassenden anthropologischen Kenntnisse lassen Sätze nur so purzeln, die in Stein eingemeißelt über der Pforte jeder Schule des Lebens stehen sollten: *Ohne gute Ziele lässt sich´s nur schwerlich leben.*

Dieser Gedichtband ist eine Hommage an das Leben an sich. Es feiert das Dasein, das nicht immer ein Rosengarten ist, als etwas Wertvolles und Unwiederbringliches, das es zu genießen gilt. In allen Augenblicken. Alfred Reichel weiß, worauf es ankommt. Er gibt uns Normalsterblichen die essentiellen Weisheiten mit, die zählen. Nicht zuletzt sind das die gelebten Freundschaften. Und da stimme ich ihm hundertprozentig zu: *Ein gutes Gespräch mit Freunden bei gutem Bier und mir geht´s einfach großartig.*
Mit diesem Gedichtband ist Alfred Reichel ein Wurf gelungen, der lange noch nachhallen wird. Und so freue ich mich schon auf ein Bier mit dem großen württembergischen Reimeschmied inmitten seiner besten Freunde. Alfred, dir ein Prost auf noch viele, viele Verse!

Dr. Helmut Däuble

„Noch mehr Bier-Gedichte" ist mehr als nur die Weiter-
führung meines Erstlingswerks „Bier-Gedichte". Der vor-
liegende Gedichtband kann natürlich ohne Kenntnis des
ersten Bier-Gedichte-Bands gelesen und verstanden werden.
Allerdings wird wohl jeder, der eines der beiden gelesen hat,
auch unbedingt das andere lesen und haben wollen.

Was ist ein Bier-Gedicht? - Nach meiner Definition veredelt
das in einem Gedicht vorkommende Wort „Bier" dieses
bereits zu einem Bier-Gedicht, wenn es thematisch haupt-
sächlich nicht schon sowieso ums Bier geht. Ich liebe Bier,
deshalb könnte man die folgenden Gedichte auch als Bier-
Liebes-Gedichte bezeichnen. In diesem Buch werden wiede-
rum vielerlei Dinge und Aspekte des Lebens abgedeckt. In-
zwischen bin ich überzeugt, dass alles was man wahrnimmt,
dass tatsächlich alles was man denken kann, zum Thema
eines Bier-Gedichts gemacht werden kann, weil man eben
mittels Bier einen guten Zugang zu fast jeglicher Thematik
findet. Die Themen befassen sich diesmal neben dem Bier an
sich, vor allem mit Sport, Musik, meinem Wohnort Weil der
Stadt, Gefühlen, Durst, Liebe. Erneut habe ich häufig meine
Erfahrungen in den Gedichten verarbeitet. Das Dichten der
Bier-Gedichte hat mir wieder Riesenspaß gemacht und ich
konnte mich dabei prächtig vom Alltag erholen.

Der Begriff „Bier" ist emotional positiv besetzt und somit
sind es auch die Bier-Gedichte. Ich hoffe, die meisten der
folgenden Bier-Gedichte können diese Vorschusslorbeeren
auch bestätigen. Ansonsten kann der Leser sie sich eben
gegebenenfalls mit Bier schön trinken. Wen's nach meinen
Bier-Gedichten immer noch nach weiteren literarischen
Glanzlichtern dürstet, den erwarten noch zahlreiche Zuga-
ben am Ende des Buches. Und auch diesmal haben wieder

begnadete Illustratoren einige vorzügliche zeichnerische Kostbarkeiten beigesteuert, sodass wiederum ein wahres Bier-Kunstbuch entstanden ist.

Mein Tipp:

Lassen Sie Bier auf der Zunge zerrinnen
und dabei Bier-Gedichte in den Ohren klingen.
Prost!

Dominik Schneck und Fabian Voraus danke ich für die gewohnt gelungenen Illustrationen sehr herzlich. Außerdem bedanke ich mich bei den Freunden, deren Bier-Gedichte ich im Bonus–Teil veröffentlichen durfte.

Weil der Stadt, im Dezember 2012   Alfred Reichel

Des Bier-Gedichte-Dichters Werkzeug

Was für den Koch der große Kochtopf,
für den Schreiner die scharfe Säge,
für den Lehrer die weiße Kreide,
für den Chemiker das saubere Reagenzglas,
ist für den Bier-Gedichte-Dichter sein inspirierendes Bier.
Prost! Und allen frohes Schaffen!

Des Bierdichters Angst

Bierdichter
sind spezielle Dichter.
Der Bierdichter hat keine Angst vor einem leeren Blatt Papier,
er hat Angst, dass vor ihm steht eine leere Flasche Bier.

Bier – (ein) Gedicht

Über Bier zu dichten, fällt mir nicht schwer.
Zur Einstimmung trink ich erst mal eine Flasche davon leer.
Sodann erkenn ich –
„Jedes Bier ist ein Gedicht".
Und fang zu schreiben an –
ein neues Bier-Liebes-Gedicht.

Tag des Deutschen Bieres

Der Tag des Deutschen Bieres ist jedes Jahr am 23. April;
für jeden ein Grund zu feiern, der gutes Bier will.
An diesem Tag wird der Einführung des deutschen Reinheits-
gebotes anno 1516 gedacht;
dem Reinheitsgebot, nach dem unser Bier solange so gut über-
wacht.
Demnach darf in Bier nur Gerste, Hopfen, Hefe, Wasser rein,
alles andere lasst sein,
und das ist fein.

Auf die Gerste trink ich mein erstes Bier,
auf den Hopfen dann mein zweites Bier,
auf die Hefe danach ein Prost mit dem dritten Bier,
auf das Wasser ein Prosit mit Bier Numero vier.

Nr. 5

Maßkrug-Bier

Ein großes Bier (0,5 l) schmeckt besser als ein kleines Bier
(0,2 l).
Ein noch größeres Bier (1 l) schmeckt besser als das große
Bier (0,5 l).
So geht es auf Volksfesten mir
und bestimmt auch dir,
denn alle mögen wir
das Maßkrug-Bier.

Stimmung zwischen leerem und vollem Bierkrug

Das Maß ist leer.
Das Maß ist leer.
Das drückt auf mein Gemüt gar schwer.
Drum muss der nächste volle Maßkrug her.
Und ist das Maß dann wieder voll,
so finde ich das super-toll.
Nach dem Bier
ist vor dem Bier.

Stimmungsbild aus dem Biergarten
(Das Leben ist doch schön – mit Bier)

Im Biergarten links die nette adrette Freundin im Arm,
rechts ein volles Glas frisches Hefeweizen in der Hand,
vor einem ein Teller mit Knödel und Pilzen - noch recht warm,
ein gefühlvoller Musiker macht Musik hinten an der Wand.
Die Sonne scheint vom blauen Himmel ohne Wolken.
Das tolle Wetter soll die nächsten Tage noch so bleiben.
Kühe muhen in der Ferne, sie gehören vielleicht gemolken.
Ach einfach herrlich, sich so die Zeit zu vertreiben!

Die Ferien sind gerade am Beginnen.
Bis zum Ferienende bleibt noch viel Zeit, die kann verrinnen.
Am Nachbarstisch wird philosophiert und gelacht.
Ich freu mich, auf mich wartet eine tolle Nacht.
Könnte es im Paradies schöner sein?
Nein, nein, nein, nein, nein!

Bierliebe auf den zweiten Schluck

Viele gibt's, die Ethanol zwar aus dem Chemieunterricht kennen,
aber leider nicht in Beziehung zu Bier bringen können.
Und auch das Bier selber ist manchen ein wenig suspekt.
Sie trinken lieber Wasser als das bierige unbekannte Objekt.
Man hat ihnen gesagt, Bier sei ungesund und schmecke bitter.
Sie probieren's vielleicht einmal und tatsächlich Bier schmeckt
etwas bitter.
Ab dann ist Bier ihnen einfach zuwider.
Und sie trinken's künftig nie wieder.
Jeder Liebe sollte man aber eine zweite Chance geben, glaube
mir.
Und so sollte es auch sein mit Bier.
Die Liebe zum Bier kommt oft erst mit dem zweiten oder dritten
Schluck.
Drum mehrmals probieren - Gluck, gluck, gluck

Des Bieres Seele (Was macht Bier so unwiderstehlich)

Du möchtest eins versteh'n,
warum lässt ein Biertrinker kein Bier steh'n.
Was macht Bier so unwiderstehlich?
Für so viele so begehrlich?

Ich werd's dir sagen,
du musst's nur ausprobieren und wagen.
Werde durstig; lass es gescheh'n
Und du wirst seh'n:
Mit Bier wird der Durst erst schön.
Sodann kannst auch du keinem Bier mehr widersteh'n.

Bier ist einfach unbeschreiblich.
Nur getrunken erfühlbar und so wirklich verstehbar.
Bier ist köstlich, natürlich, männlich, sportlich, weiblich…
Einfach nicht vollständig erfassbar.

Des Bieres Seele ist mannigfaltig.
Sie ist vielerlei gestaltig.
Was man aber konkret sagen kann, Bier ist toll.
Zum Wohl!

Durst und Bier

Lieber Durst, jetzt ist's genug.
Ich hol mir jetzt ein Bier im Krug.
Du wirst mich nicht mehr länger quälen.
Ich werd dich nämlich gleich mit köstlichem Bier vermählen.
Gegensätze ziehen sich ja bekanntlich an,
was man auch hier erkennen kann.
Durst und Bier,
euch verlob ich hier.

Nichts ist mit dir vergleichbar

Schon morgens in der Früh ist die Vorfreude auf dich am Abend
da.
Fragt man mich später: „Willst du auch ein Bier?" Da sag ich:
„Ja."
Wasser kann dir nicht das Wasser reichen.
Selbst auf alkoholfreies Bier würd ich vorher ausweichen.
Wein ist was für Weintrinker, die nicht wirklich Durst haben.
Die können sich durstfrei freilich am Wein laben.
Aber Trinken wird ja erst durch den Durst so wunderbar.
Drum trink ich dagegen auch keine Milch, das wäre doch son-
derbar.
Spirituosen oder andere harten Sachen,
kommen für gewöhnlich nicht in Frage,
denn die könnten schnell Unwohlsein verursachen.
Falls du magst, dann hör mir zu, wenn ich dir sage:
„Ich trink Bier, weil ich's so mag.
Drum trink ich's am liebsten Tag für Tag.
Mit Bier durch das Leben –
eben."

Synergien mit Bier

Ein gutes Gespräch mit Freunden und mir geht's gut.
Ein gutes Bier und mir geht's auch gut.
Zwei, drei gute Bier und mir geht's noch besser.
Ein gutes Gespräch mit Freunden bei gutem Bier
und mir geht's einfach großartig.

Magst du jedes Bier?

„Liebst du Bier?"
„Natürlich lieb ich Bier!
Blöde Frage,
nächste Frage."
„Aber magst du jedes Bier?"

„Ein Weizenbier mag ich.
Ein Exportbier mag ich.
Ein Pils mag ich.
Ein Kölsch mag ich.
Ein Leichtbier mag ich weniger
und ein Alkoholfreies noch weniger.

Jede Menge Bier (Liebeskummerbier)

Denk ich an dich, trink ich jede Menge Bier.
Es waren schon teils sehr schöne Zeiten mit dir.
Doch die Herzschmerzen danach, die möchte ich künftig
vermeiden.
Denn nach den schönen kamen weniger schöne Zeiten.

Du wolltest dich mal wieder melden,
unsere Treffen waren sehr, sehr selten.
Unsere Treffen wurden immer weniger,
meine Gefühle nach dir trotzdem immer sehniger.
Warum hat's nicht geklappt mit uns beiden?
Warum musste immer wieder einer leiden?
Warum haben wir nicht zusammengefunden?
Warum sahen wir uns für immer weniger Stunden?

Irgendwann hast du dich einfach nicht mehr gemeldet
und ich war vollends abgemeldet.
Ich war sehr verliebt
und darüber sehr betrübt.
Du warst meine große Liebe.
Doch irgendwie kam Sand in dein Liebesgetriebe,
denn ich wurde dir, so scheint's, einerlei
und mit uns war's vorbei.
Ich war dir nicht mehr wichtig,
dabei war ich doch nach dir süchtig.
Ich wollte dich, vermisste dich,
denn ich liebte dich.
Ich musste ständig an dich denken,
versuchte vergeblich mich mit Bier abzulenken.
Ich konnte dich nicht vergessen,
lange war ich noch in dich versessen.

Ich konnte es lange nicht fassen,
du hattest mich verlassen.
Dann war mir gewiss,
du hattest dich verpisst.
Fort –
ohne Abschiedswort.
Schluss -
ohne Abschiedskuss.

Aber die Show geht weiter,
weiter und weiter.
Du trinkst kein Bier mehr mit mir,
dann trink ich halt mit einer anderen Bier.
Du willst mich nicht mehr küssen, dann küsse ich halt eine
andere.
Du willst mich nicht mehr lieben, dann liebt mich jetzt eine
andere.
Wer nicht liebt, bleibt unbeliebt.
Nur wer liebt, wird auch geliebt.
Nachdem lange schon verraucht sind Liebeskummer und
Wut,
hoffe ich, dir geht's richtig gut.

Frau und/oder Bier?

Freund Martin war vorhin kurz hier bei mir.
Für gewöhnlich trinken wir dann ein, zwei Bier.
Aber Martin ist heut schnell verschwunden.
Er hat nicht mal ein Bier getrunken.
Selbst ein Weizen
konnte ihn heut gar nicht reizen.
Zu seiner Conny zieht's ihn, weg von mir.
Für Martin gilt: Erst die Conny, dann das Bier.
Zu seiner Frau hat's ihn heimgezogen.
Ihr ist er heut mehr als dem Bier gewogen.

Vielleicht muss ein wahrer Bierliebhaber zöllibatisch leben?
Kann er nur so zu höchsten Bierweihen streben?
Schließlich waren Mönche früher ja im Bierbrauen gut
und hatten mit Frauen nur selten was am Hut.
Nein, nein, nein.
Das kann nicht sein.
Bier kann wohl den Wein ersetzen,
aber Bier kann keine Freundin ersetzen.
Erst mit der Freundin mit Bier anstoßen
und sie dann liebkosen.
Frau **und** Bier,
das rat ich dir!

Biersinniges

Immer dort, wo ich gerade nicht bin,
macht das Leben vermeintlich mehr Sinn.
Schwierig alles unter einen Hut zu bekommen
und dabei nicht vor lauter Hektik umzukommen.
Aufgepasst, schnell wird man getrieben.
Schnell wird man in seinen Rollen zerrieben.
Noch gibt's keine Uhr, die rückwärts läuft
und einem so vergangene Zeit anhäuft.

Bin ich in der Kneipe,
möchte ich zum Weibe.
Sitze ich mit Freunden gerade im Biergarten,
wär's daheim mal wieder Zeit, den Rasenmäher zu starten.
Sitze ich beim Bier,
sollte ich zu dir.
Bin ich dann bei dir,
könnt's sein, es lockt das Bier.

Zumindest für Bier und dich hab ich eine Lösung gefunden
und die bringt hoffentlich ein Mehr an glücklichen Stunden:
Bier,
öfter mal **mit** dir.

Bierwürdige Gedanken

Lass dich beim Bier trinken,
nicht zu sehr vom Alltag ablenken.
Die kleinen Sorgen sollen ruhig im Bier versinken;
besser ist's an große Dinge zu denken.

Das könnten dann sein die folgenden denkwürdigen Sachen:
Würde ich im Leben alles nochmals so machen?
Was ist mir wichtig im Leben?
Wird's mich in 50 Jahren noch geben?
Was will ich im Leben noch erreichen?
Nicht schlecht, dabei Ist und Soll abzugleichen.

Wichtig seine Ziele mal wieder zu formulieren,
aber auch die schönen Dinge wie Bier nicht aus den Augen zu
verlieren.
Ohne gute Ziele lässt sich's nur schwerlich leben
und ohne Bier würde mir viel Schönes fehlen.
Bier vertreibt nicht nur Kummer und Sorgen.
Nein, Bier macht auch Mut auf Morgen.

Gute Vorsätze (Freunde, Gefühle, Wein und Bier betreffend)

Ich mach künftig nur noch Sachen,
die mir Sinn oder Spaß machen.
So zum Beispiel:
Bier trinken, wann ich's will
und weil ich's will.
Wein genießen,
nur den Guten, nicht den Miesen.
Etwas mehr verreisen,
dorthin wo's auch gutes Bier gibt zu den Speisen.
Mehr mit Freunden unternehmen
und dabei vielleicht ein paar Bierchen heben.
Ohne sich dabei zu besaufen,
nur so, dass man kann noch gerade nach Hause laufen.
Sich nach Möglichkeit nicht mehr ärgern lassen
und schon gar niemanden mehr hassen.
Der Freundin öfters einen lieben Kuss geben,
ja so wird's künftig ein schönes Leben.
So möchte ich gesund gerne 100 Jahre alt werden
hier auf Erden -
mit Wein, Bier
und dir.

Nr. 19

Genesungswünsche

Ich hoffe, dir geht's bald wieder richtig gut.
Verlier nicht den Mut.
Ich trinke solange auf dein Wohl
mit etwas Bieralkohol.

Nr. 20

Bier und Rock-Musik

Bier kann man wirklich zu allem trinken.
Bier aber sollte man zu bestimmten Sachen trinken:
Zu Fußball, Rockmusik oder Rock 'n' Roll
da passt halt gut Bieralkohol.

Ein Bier zur Musik von Pink Floyd
habe ich nie bereut.
Besonders zu „Wish you were here"
trinkt sich gut Bier.
Aber auch zu „Dark side of the moon"
ist's gut, Bier ins Glas zu tun.
Zu Liedern von BAP
wird (Kölsch-)Bier schnell knapp.
Zu Liedern von Bob Dylan, der eigentlich Robert Zimmer-
man heißt,
trink ich auch Bier meist.
Mit Bier oder Wein leicht stoned
zu Songs von Stones.
Zu „Deep Purple in Rock"
schmeckt natürlich Bier, zum Beispiel ein Bock.

Ich trink Bier mit meiner Freundin
zu den Klängen von Led Zeppelin.
Bier passt besser als Wein
zu Rammstein.
Bei Status Quo
ist's ebenso.
Ein kleines Bier auf ex
zur Musik von T. Rex.
Zu Frank Zappa
vielleicht ein Bier mit Grappa.
Deshalb ruhig mal experimentieren
und zur Musik verschiedene Biersorten ausprobieren.
Selbst Leichtbier oder gar alkoholfreies Bier
erhöht den Musikgenuss mir.

Nr. 21

Neulich beim Grillen (Grillen ohne Bier geht gar nicht)

„Grillen ohne Bier?
Wo sind wir denn hier?
Das kann doch wohl nicht sein.
Kauft schnell `nen Kasten Bier ein!"
„Hier hab ich ein kleines Export."
„Deniz, was wollen Sie mit einem kleinen Export?
Das ist doch schnell fort.
Seien Sie vernünftig,
kaufen Sie sich genug Bier künftig
und grillen Sie dann mit Bier zünftig."

Nr. 22

Laugenbrezel mit Bier

Zum Runterspülen einer Laugenbrezel gibt` s eigentlich nur
ein würdiges Getränk:
Gutes Starkbier- wie's der Bierfreund mag und kennt.
Kein Wein, kein Sekt würden hier passen.
Nur gutes Bier darf man sich zu einer solch guten Brezel
munden lassen.

So eine Kombination Bier-Laugenbrezel ist ein himmlischer
Teufelskreis.
Die salzige Brezel macht durstig, wie jeder weiß.
Das durstlöschende Bier weckt den Appetit wiederum;
so treiben Brezel und Bier miteinander unsere Verdauung
um.

Gedanken zum verlorenen Champions-League-Finale 2012

Das gute bayrische Bier hat gegen schaumloses Londoner
Bier verloren.
Chelsea wurde zum Sieger erkoren.
Aber das ist nur eine verlorene Schlacht.
Drum ihr Engländer habt Acht!
Wir gewinnen dafür den EM-Fußball-Krieg.
Uns gehört bald der EM-Sieg!!!

EM 2012 – ein Biersommermärchen
(Bierperspektivisch betrachtet)

Deutschlandtrikot angezogen
und dann zum EM-Spiel gucken losgezogen.
Vor dem Anpfiff ein Beruhigungsbier,
dann zu Spielbeginn ein zweites solches Bier.
Endlich ein Tor und gejubelt wird mit einem Tor-Jubel-Bier.
Und jedes weitere Tor führt zu einem weiteren Bier.
Nach so manchem Torschuss
ist dann irgendwann Schluss.
Die Griechen hatten heute nichts drauf.
Die Deutschen siegten mit 4:2 und hatten Torchancen zu Hauf.
Schweini und Co haben wieder gewonnen in guter Manier.
Und was trinkt das Fan-Volk? Feierbier.
Bier kann schlüpfen in verschiedene Rollen,
wir sind's, denen das gut tut und die das so haben wollen.
Solange wir hinterher kein Frustbier brauchen, ist die EM ok.
Und den Holländern, Griechen tut's eben in der Fußballseele
weh.
Die können gegen ihr Leid Käse essen oder Ouzo trinken,
während wir ihnen zum Abschied zuwinken.
So sind diesmal die Rollen verteilt,
während unsere Mannschaft dem EM-Halbfinale entgegeneilt.

Halbfinale der EM 2012 (Bierperspektivisch betrachtet)

Italien bleibt unser Fluch,
aber vielleicht bei der WM 2014 gibt's den nächsten Versuch.
Dann putzen unsere 11 Bierflaschen vielleicht ganz keck
endlich den verfluchten Grappa weg.
Es hat nicht sollen sein.
Schenk mir noch ein Frustbier ein.
Leben geht weiter;
ich merk, das Bier macht mich schon heiter.
EM 2012 ist aus,
wir fahren nach Haus.
Rabimmel, rabammel, rabum.

Olis EM-Studio

Wo konnte man die EM-Spiele vor dem Fernseher so richtig
genießen?
Wo konnte man unsere Siege so herrlich begießen?
Am schönsten war's
in Olis EM-Garage.
Dort gab's wie immer prächtige Stimmung bei gutem Bier,
so dass aus er, sie, du und ich wurde schnell ein WIR.
Oli und seine Marion –
ich sag's in lautem Ton –
sind für mich die wahren Gastfreundschafts-Europameister.
Ich freu mich schon auf 2014, wenn dort ausgespielt wird der
nächste Weltmeister.
(Sicherlich gibt's in Hamburg, Berlin, Stuttgart… ähnliche
Freunde,
die Bier-Fußball-Helden sind zu unserer aller Freude.)

Bierhändchen

Geh mit Bier vernünftig um
und es bringt dich nicht um.
Schau, dass Bier dir bringt Genuss
und erspar dir jeglichen Bier-Verdruss.
In falschen Händen ist Bier Gift,
in den richtigen Genuss und Medizin.
Drum sei schlau
und schau,
dass du hast das richtige Händchen
- das Bierhändchen.

Anomalie des Bieres

„Ach, wie geht's mir beschissen,
denn meine Bierflasche hat's im Gefrierfach zerrissen.
Wie kann denn so was sein?
Oh, welches Unglück, welche Pein."
„Das Wasser im Bier ist daran schuld
und auch deine Ungeduld.
Wasser dehnt sich aus beim Gefrieren
und so konnte deine Bierflasche nur verlieren.
Kann dir das Bierkühlen nicht schnell genug geschehen,
darfst du eben die Ausdehnung des Wassers nicht übersehen.
Besser ist's, man trinkt nicht zu kaltes Bier,
Geschmack und Magen danken dir dafür."

Wheat beer
(inspired by the song "Suzie Q")

Oh wheat wheat beer
Oh wheat wheat beer
Oh wheat wheat beer
I love you my dear.

Your fizzling that's what I like.
Your bubbles that's what I like.
You are so flavorit.
You are my favorite.

Oh wheat wheat beer
Oh wheat wheat beer
Oh wheat wheat beer
I love you my dear.

I hope that you 'll be true,
I hope that you 'll be true,
I hope that you 'll be true and sometimes make me blue.
Oh wheat wheat beer.

I dream of you being mine,
I dream of you being mine,
I dream of you being mine,
all the time.
Fine, fine, fine
Oh wheat beer.

Searching for a beer
(inspired by the song "Heart of gold")

Beer I wanna drink.
Good beer I wanna drink.
Keep me searching for the best beers not too cold
so I get no cold.
Keep me searching for liquid gold
and I'm getting old.
Keep me searching for the best beers not too cold
and I'm getting old.

Nr. 31

Lieblingsbiere

Wer seine eigenen Lieblingsbiere hat,
braucht sich vor fremden Bieren nicht zu fürchten.
Denn wer ein solches hat,
braucht sich nach keiner Biermode richten.
Der ist tolerant auch gegenüber Designerbieren aller Art.
Ihn stören die nicht, weil er hat für sich ja seine 2,3 Lieb-
lingsbiere parat.
Er hat seine eigene Meinung über Bier, die er jedem kann
berichten.
Er kann, aber muss nicht, sich nach der Meinung anderer
richten.

Wein / Bier

Mal wieder zusammen Wein und Bier trinken
und über allesmögliche anstinken.
Wein und Bier sind beide lecker.
Sie schmeicheln unseren Geschmäckern.
Fein, fein
der Wein.
Er tut mich aber weniger reizen
als ein kühles frisches Hefeweizen.
Drum – der Wein
sei dein.
Aber mir
das Bier.

Weil der Stadts Bierkneipen

Weil der Stadt, gelegen zwischen Calw, Stuttgart und Leonberg
ist als Kernstadt mit ca. 9000 Einwohnern zwar ein Zwerg.
Aber Weil der Stadt hat reichelich gute Gaststätten!
Wetten?

In der (Land)Wirtschaft „Ox und Q"
hör gut zu,
gibt's neben Bier, ab und zu Livemusik und gutes Essen.
Warst du mal dort, wirst du's nicht so schnell vergessen.
Hier gibt's auch einen der besten Kartoffelsalate der Welt,
und das alles für wenig Geld.

Für so manchen ist die schönste Bleibe
das „Schwert", weil's ist eine urige Kneipe.
Schwert, auch genannt Säbel oder Nachtcafé -
ich kann nur sagen: „dort isch's schee."
Manche Gäste, weil's so schön ist, gern auf Samstag bis morgens verhocken.
Viele auch bei Rockkonzerten im Säbel mitrocken.
Die Stammgäste sind echte Fußballexperten.
Bist du noch keiner, du würdest dort schnell einer werden.
Der Wirt, von allen nur Done genannt,
ist im ganzen Städtle wohl bekannt.
Im Schwert ist's urgemütlich –
Das ist so, wirklich.

Weil der Stadt hat viele schöne Bierkneipen.
Komm her, dann muss ich sie nicht noch mehr beschreiben.
In Weil der Stadt lässt's sich gut leben,
darauf lasst uns einen heben.

Weil der Stadt hat viele schöne Kneipen.
Dort möchte' ich bleiben.
Dort werd' ich bleiben.

Ich kann's nicht sagen netter
als „Ich bin für mein Leben gern ein Weil der Städter".

Bier – die absolute Nummer 1

Was schmeckt nach Bier?
Nichts schmeckt mehr nach Bier als Bier selber.
Was riecht nach Bier?
Nichts riecht mehr nach Bier als Bier selber.
Was sieht aus wie Bier?
Nichts schaut mehr aus wie Bier als Bier selber.

Täte man also Bier durch irgendwas anderes ersetzen,
täte man sich sämtliche Sinne verletzten.
Nur echtes Bier
schmeckt dir und mir
wie Bier.

Himmelfahrtsprozessionsbier

Bei den Katholiken ist's bei schönem Wetter zu Christi Himmelfahrt Brauch,
zu machen eine Prozession mit Pfarrer, Fahnen, Gesang und Proviant auch.
Die Himmelfahrtsprozession geht raus in die Natur.
Die Teilnehmer genießen Gott und die Welt, einfach das Leben pur.
Heut wird's am Himmelfahrtstag schön warm,
da gibt's dann am Predigtplatz Durstalarm.
Und zum Brot mit salzigem Schinken und gut gewürzter Schinkenwurst
passt halt nun mal am besten ein Bier gegen den Durst.
Heut ist wieder Himmelfahrtstag
und für den der mag
auch bieriger Vatertag.

Vatertag auch Onkeltag oder Biertrinktag

Am Vatertag wird nicht nur der Väter gedacht,
er ist auch für mich, der nur Onkel ist, gemacht.
Und wäre ich auch das nicht, so wär ich doch ein Mann,
der zumindest Bier trinken kann.
Das Vereinende am Himmelfahrtstag
ist ohne Frag
der Mann, der das Bier so mag.
Oder wer's andersrum mag,
auch das Bier, das der Mann so mag.

Biersegen

Gott segne dieses Bier,
das ich trinke voller Gier.
Und da doppelter Segen doppelt hält,
hab ich mir gleich ein zweites bestellt.

Schnapsig - weinig - bierig

Wann hat man's geschafft? Wann?
Wenn man als Superlativ genannt wird, dann!
Beispiele?
Davon gäb's viele:
ernst – ernster – bierernst
schnapsig - weinig - bierig
Schiller – Goethe – Reichel ;)
…

Klagen übers Bier (Was labbersch du?! Stemmt net!)

„Was soll ich jemandem sagen,
der immer nur ist übers Bier am Klagen?"
„Sag ihm und hab dazu den Mut:
Ja, Bier ist nicht gut
und die Erde ist eine Scheibe.
Oder sag's auf schwäbisch nicht ganz so nett:
Was labbersch du?! Stemmt net!"

Gedanken zum Abiturstart 2012

Heute ab acht
wirds Abitur gemacht.
Und dann zu Ostern wird so richtig mit Bier gefeiert und gelacht.

Deutsch-Abi 2012, diesmal noch ohne „Bier-Gedichte"

19.3.2012 Deutsch-Abi-Aufsicht –
Renne rein, denn ich bin sehr erpicht,
sind meine „Bier-Gedichte" als Aufgabe schon dabei?
Nichts dagegen spricht.
Viele Schüler haben auf meine „Bier-Gedichte" spekuliert.
Haben die Schüler sich etwa vergaloppiert?
Ja – der Aufgabenkommission waren meine Gedichte noch
unbekannt oder einerlei :(
Aber noch ists schriftliche Abi nicht vorbei.
Vielleicht ist ja eins im Fach Chemie dabei.

Bier-Gedicht zur Abi-Feier 2012

Schule ohne euch
ist wie Bier ohne Alkohol.
Drum werde ich vermissen euch
ganz toll.
Zum Wohl
(mit Bier, natürlich mit Alkohol.)

Nach dem Abi (Seminarkurs Bier)

Schule ist aus,
ihr geht in die weite Welt hinaus.
Und falls ihr dort findet nicht das große Glück,
kommt ihr halt an die Max-Eyth-Schule als Lehrer zurück.
Und den Schwenk hin zum Bier,
den findet man jetzt hier:
Bis dahin gibt's hoffentlich dort den Seminarkurs „Bier",
den dann unterrichten wir.

Weltlehrertag (jedes Jahr am 5. Oktober)

Weltlehrertag ist's. Ich warte darauf,
dass Schüler zu mir kommen zuhauf.
Und bringen mir ihre Gaben zum Weltlehrertag –
Gaben, die ich so mag:
Zum Beispiel Bier in jeder Form,
egal ob mit oder ohne Alkohol.
Leider kam niemand deswegen zu mir,
so werd' ich halt trinken mein eigenes Bier.

Bierfreund Martin wird 50

Leben ohne Martin
wär wie Bier ohne Alkohol.
Drum brauchen wir dich, Martin,
weitere 50 Jahre zu unser aller Wohl.

Zum Wohl
mit Bier, natürlich mit Alkohol.

41

Geburtstagsbier(e)

Alles Gute zum Geburtstag.
Ich hoffe, du gönnst dir heut ein gutes Bier
oder auch zwei oder drei oder vier... ;)
Ich jedenfalls trink auf dich ein Bier
vielleicht auch zwei oder drei oder vier... ;)

Gambrinus

Was für den Wein der Bacchus,
ist für unser Bier der Gambrinus.
Wie manche Erzählungen sagen,
sollst du, Gambrinus, unser Bier erfunden haben.
So wie's aussieht, ist's nicht wahr,
kämst du aus Russland dann wärst du Bierzar.
Du warst einst König
und wirst jetzt von vielen Bierkönig genannt,
auch das ist nicht wenig,
das ist allerhand.
Du beschützt die Brauer und unser Lebenselixier,
dich mögen wir.

Drum hätte ich einen Hund,
würde ich ihn Gambrinus taufen.
Keine Angst, mein Gambrinus-Hund
bekäme Wasser und kein Bier zu saufen.

„Stachelbeerbier" durch neuen Hopfen

Neue Hopfensorten werden in Hallertau und sonst wo angebaut.
Sie wurden auch schon mitverbraut.
Die neuen Sorten seien aromatisch
- die Biere damit einfach fantastisch.
Prima. Es tut sich was in der Bierwelt.
Auch hier ist alles im Fluss.
Hoffe, man bekommt dies neue, interessante Bier bald für sein Geld
und es ist dann ein Hochgenuss.

Genussbiere (Luxusbiere)

Viele Luxusbiere kosten pro Flasche 10 € und mehr.
Wer kauft denn so was Teures? Wer?
Das müssen Biergourmets sein, die das lieben.
Sie halten die Preise nicht für übertrieben.
Für sie ist Luxus Genuss.
Das sonstige Bier-Einerlei bereitet ihnen Verdruss.
Genussbiere werden in kleinen Mengen aus Glasschwenkern getrunken
und machen so wohl eher nicht betrunken.
Sie werden aus speziellen Malzen und Hopfen hergestellt,
auch Fruchtzugaben oder besondere Braumethoden sich mitunter dazu gesellt.
Vielleicht wurde das Bier auch auf der Flasche gegärt wie Edelsekt,
was man dann hinterher beim Verkosten schmeckt.
Oder das Bier reifte in edlen Holzfässern wie ein Branntwein

und bekommt so eine Vanillenote in den Geruch rein.
Solche edlen Feiertagsbiere sind eine echte Alternative zu
gutem Wein.
Sie sind lecker, sie sind fein.
Gern schenk ich mir davon auch mal eines ein.
Aber gegen den brennenden Bierdurst darf's weiterhin ein
Normales sein.

Gose

Die Gose ist eine Leipziger Bierspezialität;
sie einmal zu trinken, dazu ist es im Leben nie zu spät.
Ich kenn sie auch noch nicht – die Gose.
Auf jeden Fall scheint's zu sein eine säuerlich erfrischende
Gerstensaft-Soße.
Milchsäure aus getränkeeigener Fermentation prägt den
sauren Charakter,
darüber hinaus machen Kochsalz und Koriander sensorisch
das Bier noch abstrakter.
Das Kochsalz hebt den Durst,
so dass du weiter trinken musst.
Du trinkst also weiter Gose gegen den Durst,
aber das ist deinem Durst Wurst.
Der Durst bleibt weiter zu Gast
und mit salziger Gose kommst du nicht wirklich an gegen
die durstige Last.
Das ist aber bestimmt reizvoll,
wenn man sich gießt deshalb immer wieder sein Glas voll.

Die Sehnsucht nach Gose steigt mit jedem getippten Wort.
Fahr mal nach Leipzig und bring viel Gose mit von dort.
Oder besser wir fahr'n gleich in den Osten,
um dort Gose zu verkosten.
Aber eines ist sicher auch ohne Verkostung;
Gose-Bier beschert bestimmt eine köstliche Überraschung.
Zumindest macht sauer lustig und Alkohol auch.
Trinkt man Gose, so wackelt schnell vor Lachen der Bauch.

Mein Fazit ist -
Gose-Bier ist, wie's ist,
auf jeden Fall kein Mist.
Jedes Glas Gose macht dich durstiger
und gleichzeitig lustiger.
Gose, der Bier-Exot
bereichert das Bierangebot.
Goseanna

Kräusenbier

Zu Zwiebelkuchen trinkt man Neuen Wein.
Aber kann's nicht auch mal ein besonderes Bier sein?
Ich hab mit Kräusenbier das passende Bier gefunden.
Vielen Dank an den, der's hat erfunden.
Bier mit zugegebener gärender Bierwürze
ist die Beschreibung von Kräusenbier in aller Kürze.
Dieses Bier-Bierwürze-Gemisch
schmeckt spritzig und frisch
und kommt mir künftig zu Zwiebelkuchen auf den Tisch.

Liebenswerte Kleinbrauereien

Willst du ein regionales, frisches, handwerklich gebrautes
Bier probieren,
dann kann ich für Bier aus Kleinbrauereien plädieren.
Eine Bierprobe mit diesen lässt sich mit Sicherheit realisieren.
Solch ehrliches Bier wird dich zu weiteren verführen.
Aber selbst nach Genuss vieler Biere hast du kein Kopfweh
am nächsten Morgen.
Mach dir deswegen also keine Sorgen.
Das Bier ist dort ohne jegliche Fehlgärung sauber gebraut,
so dass es köstlich schmeckt und eben niemanden mit Kater
umhaut.
Diese Biere schmecken jedes Mal anders, denn man lässt sie
leben.
Sie sind nicht tot standardisiert, wie so manche andere eben.
Solch frisch gezapfte Biere mit leichter hefiger Naturtrübung
sind Bierschätze, das ist meine Meinung.

Ottobeurer Bier ist zum Beispiel solch ein Bier,
welches würden mögen wir.
Und es gibt noch mehr solcher herrlicher Bierbeispiele in der Tat,
welche die Bierbranche für uns hält parat.

Was gesagt werden muss - Unverhältnismäßigkeiten
(am 17.4.2012)

Lese gerade im E-Center-Prospekt hier,
1 € kostet der Liter König Pilsener Bier.
1,73 € zahlt man für einen Liter Sprit.
Ich glaub, ein Pferd mich tritt.
Das
ist grass.

Bier ist für uns Menschen ein genusshaltiger Energiestoß.
Sprit dagegen ist für das Auto nur Sprit bloß.
So gesehen ist das gute Bier relativ zu billig.
Der Sprit dagegen ist vergleichsweise viel zu teuer.
Für gutes Bier zahl ich gern mehr, dazu bin ich willig.
Das mit dem Sprit, ist vielen schon lange ungeheuer.

Drum trinkt mehr gutes Bier zu fairen Preisen.
Lasst euer Auto steh`n und geht zu Fuß auf Reisen.
So wird dann das Geld vom Ölmulti zur Brauerei umge-
schichtet.
Und hoffentlich so die Preise bald anders gewichtet.

Was gesagt werden muss.
Was muss,
das muss.

Bierzahlen

Eins – Das Bier ist meins.
Zwei – Alkoholfreies Bier ist mir meist einerlei.
Drei – Bei Freibier bin ich dabei.
Vier – Gerne auch ab und zu vor vier - Bier zu mir.
Five – Don't drink and drive.
Sechs – Mancher trinkt sein Bier auf ex.
Sieben – Der Biertrinker tut Bier lieben.
Acht – So mancher trinkt auch Bier in der Nacht.
Neun – Bier tut mich stets erfreu'n.
Zehn – 10 Bier sind ein Bier zu viel, muss ich gesteh'n.
…
Zwanzig – Bier wird nicht ranzig.
Dreißig – Trink dein Bier fleißig.
Vierzig – Bier mundet gar würzig.
Fünfzig – Trink Bier, sei vernünftig.
Sechzig – Gutes Bier ist mächtig.
Siebzig – Bier macht spritzig.
Achtzig – Kein Bier schmeckt lachsig.
Neunzig – Maibock gefällt malzig.
Hundert – Bier mich meist ermuntert.

Bieriges

Bayrischer Biergarten-Bierabend bei Bamberg:
Blasmusik bläst bajuwarisches Bumdarassa.
Blonde Bedienung bringt beidhändig Bierkrüge.
Biertrinkender, bärtiger, bierbäuchiger Bamberger bierosophiert:
Boah, blonde busige betörende Blondinenbraut.
Bildhübsch.
Bloß blöd, bin bereits beringt.

Bier um vier in Trier

Die Uhr zeigt vier.
Ich bin in Trier
in einem Biergarten mit dir
und sinnier,
natürlich übers Bier.
Bring dabei ein Gedicht zu Papier.
Warm ist's hier.
Ich schwitz wie ein Stier.
Vor Durst ich gleich krepier,
bekomm ich nicht gleich ein Weizenbier.
Aber auch ein anderes der vielen Biere
dürfte gerne durchspülen Hals und Niere -
egal ob ein Exportbier oder ein Pilsbier,
egal ob als Flaschenbier oder Fassbier,
am besten natürlich als Freibier.
Der Gedanke an all die Biere
und mein unbändiger Durst machen mich noch kirre.
Ich bin ganz wirr
und schon halb irr.
Glaub mir,
ich jetzt nicht markier.
Seh schon weiße Mäuse und einen Tapir
vor lauter Gier
nach erfrischendem Bier.
Was würd ich nicht alles tun dafür,
bekäm ich jetzt sofort ein großes Bier.
Ich merk, wie ich gleich jegliche Zier
und vollends alle Geduld verlier.
Werde gleich zum Bier-Vampir.
Wo bleibt mein Lebenselixier,
mein Bier?

Da, die Bedienung, eine gewisse Frau Lier,
ich hab sie schon länger im Visier,
ich mochte sie bisher und wär gern ihr Kavalier.
Aber sie trägt von einem teuren Juwelier
einen Hochzeitsring mit Saphir.
Diese Frau Lier stellt tatsächlich ein Bier
auf den Tisch vor mir.
Sie sagt noch: „A votre plaisir."
Ich daraufhin das Bier schnell probier.
Doch wie wird mir:
Äußerlich ich gefrier,
innerlich ich rotier.
Ich merk, wie ich allergisch reagier.
Wahrlich das ist kein Pläsier.
Vor Schreck könnt ich eintreten gleich `ne Tür,
ich könnt zerschlagen ein Klavier,
denn ich hab bekommen alkoholfreies Bier -
hier um vier mit dir in Trier.

Nr. 57

Sommerbier

Heißer Sommerabend, gefühlte 40 °C, vor Durst bin ich fast tot,
schaff's grad noch, nach einer Flasche Bier zu greifen in meiner
größten Not…
Ah, herrlich wie das zischt -
und der größte Durst ist bereits nach einem Bier wie wegge-
wischt.
Wieder mal hat Bier gerettet mein Leben.
Aufs Bier ist Verlass, so ist Sommerbier eben.

Biere – mehr als acht

Die gestrige Nacht
hab ich zum Tage gemacht.
Ich hielt mit Freunden in der Kneipe Wacht
bis morgens kurz vor acht.
Biere trank ich mehr als acht.
Dabei wurde viel erzählt und viel gelacht.
Die Welt um mich rum ist schon längst erwacht.
Der Mond hat sich davon gemacht.
Die Sonne am Himmel ist schon lange entfacht.
Für mich geht's jetzt ins Bett – Gute Nacht.

Zwei verliebte Atome

Es waren einmal zwei Atome,
die liebten einander sehr.
Sie liebten sich so lange
und nach 9 Monaten waren sie mehr.
Sie taten sich alle zusammen
zu einem Molekül Ethanol.
Dies Molekül hab ich grad beim Dichten im Bier getrunken,
es tat mir herrlich munden. Zum Wohl!

Fasten (Ein Bier ist kein Bier)

Andi war am Fasten.
Nichts, außer Wasser zu trinken, schien ihn kaum zu belasten.
Andi hatte sich aufs Fasten gedrillt.
Er war uns anderen ein willensstarkes Vorbild.

Von 7 Tagen Fasten
hatte er schon 5 im Kasten.
Dann ging er sogar mit uns joggen.
So viel Zähigkeit haute uns andern fast aus den Laufsocken.
Nach dem Laufen tranken wir Läufer
unser wohlverdientes Bier ganz durstig und gierig fast wie
Säufer.
Da allerdings war's um Andi geschehen,
er konnte dem herrlichen Bier nicht länger wiederstehen.

Der größte Feind des Fastens, so scheint mir,
ist das Bier.
Deshalb könnte es für mich nur ein Fasten mit Bier geben.
So könnte ich bestimmt 7 essensfreie Tage überleben.

Kulmbach - Die (heimliche) Bierhauptstadt

Berlin ist Deutschlands Hauptstadt.
Kulmbach ist des Bieres heimliche Hauptstadt,
Kulmbach ist für sein gutes Bier bekannt,
fahr mal (wieder) hin und sei gespannt.
In Kulmbach lässt's sich bestimmt gut leben,
darauf lasst uns ein Kulmbacher-Bier heben.
Und hast du gerade kein solches hier,
dann stoß halt an mit einem anderen guten Bier.

Nr. 62

Augsburg (Bayerns wunderschöne Bierstadt)

Früher ließ ich Augsburg auf dem Weg nach München links liegen.
Heute braucht's schon viel, um mich von Augsburg fortzukriegen.
Dort gibt's schon lange die Augsburger Puppenkiste.
Aber wichtiger für mich ist dort eine andere Kiste.
Denn ich hab außer meinem Koffer eine Bierkiste in Augsburg steh'n.
Sie bei meiner Bierkönigin zu seh'n, ist wunderschön.

Liebe ist…

Ein Leben ohne dich
ist wie Bier ohne Alkohol.
Drum lieb ich dich.
Zum Wohl.

Früher war's ein Leben in Moll.
Jetzt mit dir ist das Leben toll.
Liebe Gefühle hab ich zwar auch zum Bier,
aber die große Liebe ist das zwischen dir und mir.

Du und ich.
Ich liebe dich.
Du liebst mich.
Und beide zusammen, also wir,
mögen Bier.

Liebesgedicht

Jedes Bier ist ein köstliches Liebesgedicht,
weil's dir sagt: „Ich liebe dich."

Mich dürstet nach Bier und dir

Hunger ist schlimm.
Durst ist schlimmer.
Gegen Hunger hilft zur Not
ein Käsebrot.
Glühenden Durst, den unbändigen,
kannst du herrlich mit Bier beendigen.
Ich hab unglaublichen Durst auf ein Bier,
aber noch mehr dürstet mich nach dir.
Der Durst hat wahrlich nichts zu lachen,
tu ich eine Flasche Bier aufmachen.
Gegen die Sehnsucht nach dir hilft, zu wissen,
dich werd' ich schon bald wieder umarmen und küssen.

Überschäumende Träume

Ich bin in dich verliebt.
Schön, dass es dich gibt.
Ich liebe dich
und hoffentlich liebst du auch mich.
Ich werde herrlich süß von dir träumen
und dabei vor Liebesglück wie Bier überschäumen.
Der Windhauch, der mich nachts durchs offene Fenster sanft
berührt, bist du.
Das Mondlicht, das mich zart kitzelt und zum Lächeln
bringt, bist du.
Im Traum streichelknutschst du mich
und ich kuschelknutsche zärtlich dich.

Liebesbezeugungen

Liebe ist, ihr seine Biersammlung vorzuführen,
in der Hoffnung, sie hinterher zu verführen.
Liebe ist, ihr zuliebe alkoholfreies Bier zu trinken
und trotzdem in ihren geheimnisvollen Augen zu versinken.
Liebe ist, mit ihr die letzte Flasche Bier zu teilen
und dabei gemeinsam beim Sonnenuntergang zu verweilen.
Liebe ist, ihr beim Bier trinken den Kopf zu verdreh'n
und ihr seine Liebe zu gesteh'n.
Liebe ist, für sie ein Bier-Gedicht zu reimen,
aber unterdessen sie zu küssen, nicht versäumen.
Liebe ist, sie als seine Bierkönigin zu verehren
und sich vor Sehnsucht nach ihr verzehren.
Liebe ist, auch mal Wein statt Bier zu schlürfen.
Vielleicht wird er sie dann küssen dürfen.
Liebe ist, für sie eine private Bierverkostung zu organisieren.
So eine Verkostung könnte die Liebe noch intensivieren.
Liebe ist, aus ihrem Bauchnabel Bier zu lecken
und sie dann überall mit Küssen zu bedecken.
Liebe ist, für sie hin und wieder auf Bier zu verzichten,
obwohl, besser ist's das selbige mit ihr zu „vernichten".
Das sind Gesten echter Liebe.
Das sind mehr als nur hormongesteuerte Triebe.
Das sind große Liebesbezeugungen,
wahre Liebesverneigungen.

Liebes-Gaben

Gib mir ein Lächeln.
Du gibst mir ein Lächeln.
Dein Strahlen werd' ich nie vergessen.
Gib mir einen Kuss.
Du gibst mir einen Kuss.
Dein Kuss ist für mich ein Hochgenuss.
Gib mir Streicheleinheiten.
Du gibst mir Streicheleinheiten.
Was für herrliche zweisame Angelegenheiten.
Du tust nicht mit deiner Liebe geizen.
Du gibst mir liebevoll sogar ein kühles Hefeweizen.

Nr. 69

Liebe zu dir

Meine Liebe zu dir
ist wie die Gier
nach Bier. –
Sie ist überschwänglich.
Sie ist unendlich.

Du hast mich infiziert wie die Hefe das Bier.
Ich gehöre dir
und du gehörst mir.

Entfernte und nahe Liebesbeziehung

Nach meiner Freundin
und Bier steht der Sinn mir.
Sie und ich tun uns trotz weiter Entfernung lieben,
jeden Tag wovon die Woche hat sieben.
Mein Bier seh ich jeden Tag,
so dass ich's auch täglich trinken mag.

Zeit

Alles hat seine Zeit:
Zeit zum Milchtrinken,
Zeit zum Wassertrinken,
Zeit zum Kaffeetrinken,
Zeit zum Teetrinken,
Zeit zum Weintrinken,
Zeit zum Biertrinken,
Zeit mit dir.
All die Zeiten hab ich genossen,
doch in diese bin ich am meisten verschossen:
Am Liebsten ist mir
die Zeit mit meinem Bier
zusammen mit meiner Liebsten - dir.
Ein Prost-Mahlzeit
auf die Bier-Dir-Zeit!

Liebesbeziehungen

Frederick liebt Früchtetee.
Ich liebe Hopfentee.
Ronnie liebt seine Lydia.
Der Mai seine Veronika.
Heike liebt sich selber
und das nicht nur im Dezember.
Helmut liebt das Reisen,
Martin reichhaltig zu speisen.
Iris mag den Manfred.
Wer liebt den Alfred?
Hoffentlich liebst DU mich,
denn ich liebe DICH.
Martina liebt den Andreas
viel mehr als ich lieb Bier vom Fass.
Sonst noch was?
Ja, auf die Liebe ein dreifach Prost.
Prost, Prost, Prost!

Nr. 73

Empfehlungen

Gegen ein leeres Bierglas gibt es keinen besseren Trost,
als es auf der Stelle wieder voll zu machen. Prost!
Gegen Liebeskummer gibt es keinen besseren Rat,
als sich auf der Stelle neu zu verlieben in der Tat.

Nr. 74

(Nicht) mein Bier

Alkoholfreies Bier – Für gewöhnlich nicht mein Bier.
Weizenbier – Das ist mein Bier!
Volksmusik hören – Nicht mein Bier.
Dich zu betören – Das ist mein verlockendes Bier!
Im Suff Sachen zu zerstören – Nicht mein Bier.
Dich zu verehren – Das ist mein geschätztes Bier!
Opernbesuche – Nicht wirklich mein Bier.
Gespräche mit dir – Das ist mein unterhaltsames Bier!
Etwas unternehmen – Gerne mit gutem Bier und dir!
Stunden mit dir – Die sind mein energiespendendes Bier!
Dich zu lieben – Das ist mein liebstes Bier!
Unsere Beziehung – Das ist unser tägliches Bier!

Nr. 75

Auswärts Bier trinken

Mmh köstlich, das Bier hat mich herrlich erfrischt.
Wunderbares Bier, das du mir hast aufgetischt.
Hab herzlichen Dank
für den Gerstentrank.
Dein Bier schmeckt so herrlich, dass ich denke,
ich nehme noch ein paar weitere Biergetränke.

Bier-Glücks-Kreislauf

Ich bin glücklich, weil ich Bier trinke.
Ich trinke Bier, weil ich glücklich bin.
Was war aber zuerst da? Das Bier oder das Glück?
Vielleicht die Antwort mich einmal beglückt
und ich wäre darüber entzückt.

Nr. 77

Durstiger Alfred

Der Bier ging mit seiner Bierin sonntags spazieren.
Der Bier wollte gerade seiner Bierin ein Eis spendieren.
Da kam der durstige Alfred daher
und trank schwupps beide Biere leer.
Danach ging der zufriedene Alfred spazieren.

Nr. 78

Ziel-Bier

Ein Brauer nahm statt Gerste Dinkel.
Der Brauer war ein feiner Pinkel.
Er verkaufte an Fußballer dies Dinkelbier,
hier und da und da und hier.
Ein Stürmer trifft seither wieder in den Winkel.

Nr. 79

Ein Bier hatte Durst

Ein Bier hatte Durst und ging aus.
Es ging zuerst raus aus dem Haus.
Dann in die nächste Bar,
dort trank's Bier und zahlte bar.
Danach war`s zufrieden und ging wieder nach Haus.

Verliebtes Bier

Bier hatte sich verliebt in Alkohol.
Es fühlte sich in seiner Nähe wohl.
Schön, denn der Alkohol hatte sich auch verliebt ins Bier.
Auch mit ein Grund, warum schmeckt alkoholhaltiges Bier
dir und mir.
Prost, zum Wohl.

Bierflatulenz

Tat man tags zuvor zu viel Bier zechen,
könnte sich dies dann später rächen.
Den Leib spannt's gar kräftig
und raus kommt ein F… gar heftig.
Tags drauf tut man Flatulenz frei wieder zechen.

Bierkultur

Ich pflege die Bierkultur
rund um die Uhr.
Und das 7 Tage in der Woch,
wobei dabei auch Bier zischt durchs Mundloch.
Meine Bierkultur ist halt Bierkult pur.

Große Liebe

Liebe ist wie nach einem Maß Bier mit Alkohol,
ich fühl mich damit herrlich wohl.
Das mit dir muss die große Liebe sein,
denn die Stunden mit dir sind kostbar und fein.
Auf dich und die Liebe, zum Wohl!

Präventiv-Bier

„Nicht erst bei Durst trinken.
Nicht erst vor Durst darnieder sinken."
So lautet die ernährungswissenschaftliche Empfehlung.
Ausreichende Flüssigkeitszufuhr hält dich in Schwung.
Deshalb schon mal ein Präventiv-Bier trinken.

Biertrinker = Guter Mensch?

Sind alle Biertrinker auch freundliche Menschen?
Sind alle Vegetarier automatisch bessere Menschen?
Leider nicht.
Zum Beispiel Hitler, der Bösewicht,
Vegetarisches war oft sein Leibgericht.
Der trank wohl auch heimlich mal ein Bier
irgendwo zwischen München und Trier.

Leider trinken nicht nur die Guten Bier
auf unserem Planeten hier.
Bier müsste halt sein wie Weihwasser,
dann wären alle Teufel Bierhasser.
Diese Teufel würden das Bier hassen
und würden das Biertrinken lassen.
Dann könnte man von Herzen auf alle Biertrinker prosten
„Zum Wohl"
mit Bier - mit oder ohne Alkohol.
(Naja, besser mit Alkohol.)

Eins, zwei, drei, vier... Bier
(Bier-trink-Gründe)

Erst ein Schnelles gegen den Durst, das erste Bier.
Dann eins zur Schulung des Geschmacks, das zweite Bier.
Dazwischen eins zum Genießen, das dritte Bier.
Alsdann eins zum Anstoßen, das vierte Bier.
Darauf eins einfach so, das fünfte Bier.
Komm, schenk uns noch mehr ein.
Lass uns heute unvernünftig sein.
...
Bier so herrlich mich, dich, ihn, sie, euch, uns erfrischt,
wenn's durch meine, deine, seine, ihre, eure, unsere Kehle(n)
zischt.
Aber nicht zu viel Bier insgesamt genießen.
Unbändiger Konsum könnte dir den nächsten Tag verdrie-
ßen:
„Mann, oh Mann,
was hab ich mir da nur gestern angetan?"

Vernünftiges Biertrinken

Ich liebe das Leben,
ich liebe das Bier.
Drum häng ich am Leben
und trink meist vernünftig das Bier.
Alkoholkonsum und Auto fahren
geht nicht, darüber bin ich mir im Klaren.
Auch schwanger Bier zu saufen,
ist zum Haare raufen.
Sein Leben kann man sich auch nicht immer nur schön saufen,
man kann nicht immer seinen Problemen davonlaufen.
Maßvolles Biertrinken sollte sein das Ziel,
ansonsten steht einfach zu viel auf dem Spiel.
Ich nehm mir vor, mein Bier zu trinken in diesem Sinne
und freu mich schon aufs nächste, das durch meine Kehle rinne.

Süchtig

Sucht bedeutet Abhängigkeit,
bedeutet Verlust der eigenen Freiheit.
Hier meine Überlegung
zur Sucht-Vorbeugung.
Sehn-Sucht nach etwas kann sehr schön sein,
aber wahnsinniges Begehren auf nur EINES kann nicht gut sein.
Verteil deshalb deine Sehnsucht auf mehrere Sachen
und du bleibst unabhängig, frei, dir vergeht nicht das Lachen.
Es ist nicht gut, sich nur auf eine Sache zu fokusieren,
besser sich für vieles zu interessieren.
Man braucht also noch andere schöne Dinge außer Bier.
Was hältst du von den folgenden vier -
Sport, Bücher, Liebe, Freundschaft?
Du siehst, es gibt Alternativen zu Bier in der Wirtschaft.

Trinker-Blues

Gib mir Weizen, Pilz oder Export zu trinken,
damit ich meine Sorgen, meinen Kummer kann schnell
ertränken.
Mittags fang ich oft schon an zu saufen bis tief in die Nacht
und wach anderntags erst abends wieder auf aus meiner
Alkoholohnmacht.
Zwischen dem vierten und zehnten Bier fühlte ich mich echt
stark.
Jetzt fühlen sich meine Beine an, als wären sie aus Quark.
Zu Sorgen und Kummer hat sich noch Kopfweh dazugesellt.
Ach, hätt' ich bloß nicht so viel Bier bestellt.
Frau und Kinder sind mir schon davongelaufen.
Ich glaub, ich hab's übertrieben mit dem Saufen.

Albtraum mit Bier-Happy-End

Ich schwitze heut wie ein Stier.
Kommt das vom vielen Bier?
Oder trink ich so viel Bier,
weil ich schwitze wie ein Stier?
Eigentlich ist mir die Antwort Wurst.
Ich glaub ich trink noch eins gegen den Durst.
So sitz ich da und trink und schwitze,
aber vielleicht ist der Grund auch die große Hitze.
So langsam bekomm ich leichtes Kopfweh.
Noch ist's nicht so schlimm wie Zahnweh.
Noch kann ich schmerzfrei denken
und mein Bierglas zum Munde lenken.
Wer hat Schuld an diesem Kopfweh?
Ist's das Bier
in mir?
Oder weil ich so stark schwitze
bei der großen Hitze?
Oder kommt das Kopfweh
gar vom Hühnerauge am kleinen Zeh?
Bier, Hitze, Kopfweh, Durst in meinem Kopfe wild rumkreisen
und mich plötzlich schwindlig vom Stuhle schmeißen.
Ich wach auf aus diesem verwirrenden Mittagsschlafalbtraum
und befinde mich ohne Kopfweh, ohne Bier in einem kühlen Raum.
Nur der Durst aus dem Traum ist noch hier
und schreit nach einem Bier.
Er soll sein Bier bekommen.
Das sei ihm und mir unbenommen.
Die Guten, nämlich Durst und Bier,
haben sich durchgesetzt in mir.

Heiß

Liegt's am Genuss von zu viel Bier,
dass ich heut so arg transpirier?
Nein, der Grund bist DU,
warum ich schwitz wie eine männliche Kuh!
Denn ich bin voller Gier
nach DIR.
Ich hab wahnsinnige Lust, dich zu küssen
und möchte mich nicht länger beherrschen müssen.
In deiner Nähe wird mir heiß,
ohne Scheiß.

Bier-Empfehlungen

Ein Bier pro Tag
ist gut gegen so manche Plag.
Zehn Bier pro Woche
und du vergisst die ganze Maloche.
50 Bier pro Monat
für gute Gesundheit, ich dir rat.
1000 Bier pro Jahr
und Glückseligkeit wird dir gewahr.
Trink, solange du noch trinken kannst
und hab vor morgen keine Angst.
Es kommen noch beizeiten
andere Zeiten,
die sind dann nicht mehr ganz so heiter.
Leider, leider, leider.
Sei außerdem noch gut im Leben
und du kannst getrost dem Himmel entgegenstreben.
Du weißt dann, dass du auch Bier willst dort
und kannst es dann trinken in einem fort.
Du sitzt dort also glücklich auf Wolke Nummer vier
und trinkst ein leckeres Weizenbier.

Bier macht schön

Wie man an mir kann's seh'n,
macht Bier scheen.
Zwar mein Haar ich manchmal shampoonier
mit Bier.
Und selbst nach des Haares Trocknung
war das Resultat in Ordnung.
Allerdings wirkt besonders bei mir
von innen heraus das Bier.

Bier als Zusatz

Bier gibt's in rein;
manche Firmen geben auf ihr Produkt noch Bier obendrein:
So verfeinert Schwarzbier-Senf für so manchen die Wurst,
gleichzeitig steigert die würzig-malzige Schärfe den Durst.
Aber auch Vegetarier trinken gerne Bier
und finden sicher ebenso Verwendung für Senf mit Bier.
Oder wie wär's mit Bier-Gelee als Brotaufstrich?
Das schmeckt hopfig und ist bekömmlich.
Bierliebhaber sollten einmal Bier-Shampoo (für ihre Haare)
probieren,
durch den leichten Hopfenduft könnte sich der Kauf für sie
rentieren.
Eine Parkscheibe mit Aufdruck „Eilige Bierlieferung" meine
Autoscheibe ziert,
was vielleicht ab und zu ein paar Lacher garantiert.
Und wenn's nur ich bin, der darüber lacht,
dann hat sie mir wenigstens Spaß gemacht.
…
Ja, es gibt viele verrückte Bier-Dinge,
dass ich manchmal denk, nicht nur ich spinne.

Bier-Diät

Es ist nie zu spät
für eine ansprechende Bier-Diät
mit viel Bier-Varietät,
Bier-Originalität
und individueller Bier-Quantität.

Für die Praxis möglicherweise heißt das:
Bewusst ein, zwei, drei… Bier vom Fass -
einfach köstlich schmeckt solch blondes Nass.
Vielleicht auch eins aus der Dose,
wer's mag zu einer leckeren Soße.
Oder mehrere Pils - edelherb,
schmecken einfach ganz superb.

Wie man hier unschwer erkennen kann,
ist diese Diät für die genussfreudige Frau und den bierliebenden
Mann.
Isst man zudem weniger fetthaltige Sachen,
dann wird einen vielleicht auch ein dünnes Spiegelbild anlachen.
Falls nicht, dann sei denen zum Trost
ein Prost, zwei Prost, drei Prost…
Zumindest trinkt man sich schön dabei
und findet, dick oder dünn zu sein, ziemlich einerlei.

Feierabendbier

Es war ein langer Tag.
Ich bin müde, keine Frag.
Zeit zu ruh'n
vom Tagestun.
Ich möchte noch nicht Schlafen geh'n;
vorher noch ein Feierabendbier im Glase seh'n.
Dessen Genuss wird ein Höhepunkt des Tages sein.
Für einen weiteren schenk ich mir vielleicht noch eines ein.

Nachtschwärmer

Die gestrige Nacht
hat Martin zum Tage gemacht.
Er hielt mit Freunden in Kneipen Wacht
bis morgens kurz vor acht.
Biere trank er bestimmt mehr als acht.
Dabei wurde viel erzählt und viel gelacht.
Die Welt um ihn rum ist schon längst erwacht.
Der Mond hat sich seit Stunden davon gemacht.
Die Sonne am Himmel ist schon lange entfacht.
Für ihn geht's noch nicht ins Bett
 – Er sagt erst später „Gute Nacht".

Bier-Besorgung

Morgen
wird er's ihr besorgen.
??????
Bier natürlich – was hast du denn gedacht.
Obwohl das andere hätte ihm bestimmt viel Spaß gemacht.

Abwärtsspirale der Bier-Alternativen

Leichtbier statt Bier? Nein.
Radler statt Leichtbier? Nein.
Alkoholfreies Bier statt Radler? Nein.
Apfelsaft-Schorle statt alkoholfreies Bier? Danke, nein!
Bitte keine weiteren Alternativen mehr. Lass es sein.
Bier ist geschmacklich alternativlos und bleibt unübertroffen.
Vergleichbares gibt's nicht – da gibt's nichts zu hoffen.
Obwohl – Wer das Radler nicht ehrt,
ist das Bier nicht wert.

Ubierquitär (= überall vorkommend)

„Es gibt kein Bier auf Hawaii",
da kann ich ja nur lächeln: smile, smile, smile.
Bier gibt's bestimmt auch dort,
wie fast überall, an fast jedem Ort.
Im Keller bei mir
finden sich immer ein paar Flaschen Bier.
Selbst am Nordpol den Eskimo
macht ein kühles Bier froh.
Bier gibt's auf der Welt nahezu überall,
vielleicht sogar sonst noch irgendwo im Weltall.

Welches Bier?

„Ich hab Durst auf ein gutes Bier.
Aber welches soll ich bloß trinken hier?"

„Hey Alter - trink ein Zwiefalter."
„Zu den Liedern von Lindenberg trink einen Löschzwerg."
„Zu Bap - ein Augsburger Rapp."
„Schwabenbräu – dir bleib ich treu."
„Stuttgarter Hofbräu - dich trink ich immer wieder gern aufs Neu."
„Du Racker, trink Dinkelacker."
„Komm und probier frisches Ottobeurer Bier."
„Kulmbacher, Krombacher, Alpirsbacher – das sind Kracher."
„Du liebst Boxen? Dann trink ein Gold Ochsen."
„Ein Paulaner oder ein Franziskaner für dich, du alter Indianer."
„Für den Schlaumerker ein Radeberger."
„Ein Astra zur Pasta. Basta."
„Rotblondes Duckstein, das schmeckt fein."
„Selbst zu einem badischen Rothaus-Bier rat ich dir."
…

„Aber eigentlich ist es vollkommen Wurst,
welches gute Bier du trinkst gegen den Durst."

On the top (Mit 50 top)

Eigenes Buch zum ersten Mal vor einem auf dem Tisch.
Die perfekte Frau als Freundin wie an der Angel einen Fisch.
Unerwartetes Glück, unerwartete Freuden,
hart erarbeiteter Erfolg, Lachen mit Freunden,
eine sehr gute Nachricht, die die Seele befreit –
all diese Dinge bereiten eine kurze wunderbare Zeit.

An Tagen wie diesen
kann man das Leben so richtig genießen.
An Tagen wie diesen
kann einen nicht wirklich etwas die gute Laune vermiesen.
Solche Tage mit überschwänglichen Freuden
genießt man am besten mit Bier und seinen besten Freunden.
An Tagen wie diesen schmeckt das Bier besonders wunderbar.
So müsste es ewig sein, so muss das Paradies sein, wird mir klar.
So paradiesisch schöne Tage sind aber leider rar.

Die Erkenntnis, ab 50 geht's abwärts, ist wohl leider wahr.
Aber sicherlich und bisher sichtlich bleibt das Leben mit Bier
und euch ertragbar.
Bin mir mit 50 meiner Endlichkeit bewusst,
schiebe aber deshalb keinen Frust.
Schiebe nichts mehr auf die lange Bank, wie in jungen Jahren.
Der Weg ist das Ziel, hab ich für mich erfahren.
Drum war ich auch selten so zufrieden wie jetzt,
wenn zudem gutes Bier ich hab zu trinken, vorausgesetzt.

Paradiesisch

Du frägst mich, wie ich mir das Paradies vorstell.
Kurz überlegt - Ich sag's dir schnell:
Sich den heißen Durst mit Bier abkühlen
und sich einfach himmlisch fühlen.
Bier zu trinken, als gäb's kein Morgen.
Dazusitzen mit Freunden völlig ohne Sorgen.

Bier und Börse

Wird's den Euro in ein paar Monaten noch geben?
Wie soll ich gegebenenfalls ohne mein Erspartes leben?
Fragen über Fragen -
Jetzt bloß nicht gleich verzagen.
In der Tat
du suchst Rat?
Was ist nachhaltig? Was hat Bestand?
Denk mal nach, benutze deinen Verstand.
Bier ist auch morgen noch begehrt.
Setz auf Bieraktien – das ist nicht verkehrt.
Dann macht Bier trinken sogar doppelt Sinn.
Du hast Genuss und steigerst dabei deinen finanziellen
Gewinn.
Denn du verdienst an jedem Bier, das du von deinem Bier
trinkst mit.
So ein Szenario steigert den Bier-Appetit.

Vom Korn zum Bier (Bierspirale)

Fleißige Bauern ernten dicke Gerstenkörner.
Dicke Gerstenkörner mälzt der Mälzer zu zuckrigem Malz.
Zuckrigen Malz veredeln wissende Brauer zu köstlichem Bier.
Köstliches Bier rinnt durch durstige Kehlen.
Durstige Kehlen wollen mehr köstliches Bier.
Köstliches Bier rinnt durch durstige Kehlen.
Durstige Kehlen ...

Weltmännertag (3.11.)

Ein Prost auf den Weltmännertag
mit dem was ein Mann am liebsten mag.
Mit Bier lassen wir uns hochleben.
Auf ein langes Männerleben!
Warum werden Frauen durchschnittlich älter als wir?
Vielleicht sollten wir häufiger trinken ein Bier?
Wir wären ausgeglichener
und weniger stressanfälliger.
In einem Langzeitversuch ich's bereits ausprobier,
indem ich werd trinken lebenslang mein Bier.

Bier-Therapie

Hallo Gunther,
trinken wir uns die Welt etwas bunter.
Spülen wir den grauen Alltag mit Bier hinunter.
So wird graue, fade Melancholie
rasch verdrängt durch lebensfrohe Bierologie.
Verwandelt selbst Herbst und Winter in ein Meer von
prachtvollen Farben
und wir müssen nicht länger im Grauschleier darben.
Diese Bier-Therapie
verschafft kreative Energie.
Also, los geht's mit der Mach-Bunt-Strategie.

Sinn

Ich möcht mein Leben leben, wie ich es will.
Also, sei du mit deinen Planungen still.
Ich möchte der sein, der ich wirklich bin.
Was anderes macht für mich wenig Sinn.
Vergleichbar mit Gerste, die gutes Bier werden will,
das ist im Innersten, denk ich, deren Ziel.

Nr. 109

Die Krüge hoch

Ob auf Wasen oder Wiesn, getrunken wird wieder ungeniert.
Kollektives Biertrinken wird dort gar zelebriert.
Von der Bühne hallt's: „Die Krüge hoch."
Sonst lässt man sich nichts befehlen, hier tut man's dennoch.
Schnell sind zwei, drei Maß geleert.
Aber das ist meist gar nicht so verkehrt,
denn es wurde mal wieder viel gelacht,
ein paar Stunden Bierzelt-Urlaub vom Alltag haben Spaß
gemacht.
Trinkt mit,
macht mit
beim „Hoch die Krüge."
Man sollte viel öfters machen solche Bierzelt-Ausflüge.

Nr. 110

Erkenntnis

Manchmal muss man trinken,
was man eben trinken muss:
Bier!

Wünsche und Ziele

Wünsche und Ziele sind wie Sterne am Himmel,
wie i-Tüpfelchen im Text,
wie Salz in der Suppe,
wie Bierschaum auf dem Bier,
wie Alkohol im Bier...
Sie machen das Leben erst lebenswert.

PS:
Je mehr Wünsche und Ziele sind in dir,
umso mehr guter Schaum ist entsprechend auf dem Bier
und umso mehr Alkohol ist im Bier!
Aber zu viel Schaum und zu viel Alkohol kann auch zu viel des
Guten sein.
Der typische Biercharakter geht unter. Das sollte nicht sein.
So ist's auch mit den Wünschen und Zielen.
Das wirkliche Leben kommt zu kurz mit davon zu vielen.

Bierernst

Mensch Ernst,
nimm doch nicht alles so bierernst.
Komm lieber Ernst, werd locker,
sonst fällst du irgendwann mit 'nem Herzinfarkt vom Hocker.
Ernsthaft, so verschenkst du echt viel von deiner Lebensqualität,
hab Spaß, versperr dich nicht vor lustiger Lebensrealität.
Ernstlich, lach mal wieder,
sei bitte nicht so bieder.
Ach Ernst, mach deinem Namen mal keine Ehre
und schaff dir eine fröhliche Atmosphäre.
Im Ernst ich mein's nur gut mit dir,
trink doch öfter mal ein Beruhigungs-Fröhlich-Spaß-mach-Bier.

Entschleunigungsbier

Heute noch September,
morgen schon Oktober.
Heute schon Volksfestbier,
bald schon Weihnachtsbier…
Die Zeit rast,
wir rasen mit der Zeit.
Die Zeit und wir rasen immer schneller.
Mir schwirrt's und kreist's im Kopf wie ein Propeller.
Wer hilft mir?
Schnell her mit dem Entschleunigungsbier!

Bier ist...

Bier ist ein Wort mit nur vier Buchstaben,
aber eins mit vielen hinterlegten Eigenschaften und Aufgaben.
Bier ist für mich ein anderes Wort für Durstlöscher, Schlummertrunk
Glücklichmacher, Mit-Freunden-zusammen-sitz-Umtrunk,
Flüssiges-Gold, Geselligkeitskatalysator,
Bitter-köstliche-Medizin, Antifrustrator,
Mehr-als-nur-die-schönste-Nebensache-der-Welt,
Hochgenuss, In-Flüssigkeit-gut-angelegtes-Geld,
Die-bessere-Alternative-zu-Wein,
Getränk-das-ich-mag-ungemein,
Legale Droge, Gemütsaufheller,
Stärkungsmittel, Getränke-Bestseller,
Nach-dem-Sport-Getränk, Bier-Gedichte-Muse, Himmelsgeschenk,
VfB-Spiele-erträglich-mach-Getränk...

Glücks-Bier

Leckeres kühles Bier aus einem großen Becher
fließt durch den durstigen übel gelaunten Zecher.
Als Urin verabschiedet das Bier sich dann
vom Biertrinker irgendwann.
Zurück bleiben in ihm Glück und Zufriedenheit.
Davon geschwemmt sind Durst und Übellaunigkeit.

Bier-Traum

Ich hatte einen Traum.
Ich saß auf einem Bierbaum.
Seine Früchte waren mit Bier gefüllte Krüge.
Das war so – keine Lüge.
Da fiel ich vom Baum runter,
wachte auf und war putzmunter.

Ode an das Fassbier

Ich trank schon dies,
ich trank schon das,
aber am liebsten trink ich Bier vom Fass.
So schmeckt's einfach besonders frisch
und ist eine Bereicherung auf jedem Biertisch.

Eifersucht

Meine Liebe gehört dem Bier,
aber vor allem natürlich dir.
Unter den Räuschen ist mir unser Liebesrausch
allemal lieber als jeder Bierrausch.
Mögliche Eifersucht wäre also eine Sucht,
die man schnellstens unter Blödsinn abbucht.

Nächstenliebe

 Schiller sprach zu Goethe:
„Das Leben ist so öde.
Das Schreiben ist so fad.
Weißt du mir einen Rat?"
„Dichte mal nach ein paar Bier!
Das rat ich dir.
Das Dichten fällt dir dann nicht mehr schwer;
du kriegst wie von selbst deine Ideen her."
Schiller folgte seines Freundes Rat
und war fortan erfolgreich in der Tat.

Busch

> „Wo man am meisten drauf erpicht, gerade das
> bekommt man nicht."
> (Wilhelm Busch)

Buschs Gedicht
versteh ich nicht.
Weil Bier gibt's doch überall zu kaufen,
du musst nur zum Getränkehändler laufen.

Trockener Mund

Die Luft ist so trocken hier.
Komm, bring mir schnell ein feuchtes Bier!

Bierfahne

Am nächsten Morgen stinkt der Kneipenzecher
wie ein voller kalter Aschenbecher.
Außerdem hat er eine Bierfahne
und gehörte schnellstens in die Wanne.

Pissbier

Eine Beziehung wieder anzufangen mit der Ex,
wenn auch nur für Sex,
wäre wie bereits gepisstes Bier zu trinken.
Dem Ansinnen ist meistens abzuwinken.
Natürlich trifft das nicht auf jede zu.
Sie ist schließlich nicht immer eine blöde Kuh.
Menschen können sich auch ändern,
was dann würde vielleicht die alten Trennungsgründe verändern.
Also das mit dem Pissbier muss nicht so sein,
es kann auch gut schmecken wie leckerer Wein.
Und solch leckeren Wein,
schenkt man sich auch gerne zweimal ein.

Reichel

Hesse?
Wer bitte ist Hesse?
Goethe?
Wer zum Teufel ist Goethe?
Schiller?
Muss ich den kennen, den Schiller?
Ich hoffe jetzt nicht, ihr denkt,
hat denn der Reichel in der Schule gepennt.
Ich kenn und mag die drei Herrschaften sehr
und je älter ich werde sogar umso mehr.
Aber wer kennt schon jemanden wirklich?
So richtig, meine ich?
Dagegen Reichel, Alfred?

Das ist doch der, der zu Bier rät.
Ja, den kenne ich,
so gut, wie ich kenne mich
(denn Reichel der bin ich).
Obwohl, kenne ich
mich wirklich?
Also doch auch: Reichel?
Wer ist Reichel?

Nr. 125

Bier-Gedichte-Dichter

Bier trinke ich gerne,
bin aber kein Trinker.
Ich lese gerne,
selten aber mehr und mehr auch Gedichte.
Ich dichte gerne,
bin aber kein konventioneller Dichter.
Ich bin eben gerne Bier-Gedichte-Dichter.

Literaturnobelpreisvergabe am 11.10.2012

11.10., 9 Uhr
Noch 4 Stunden – ich bin bereit.
Nein, heute ist dann nicht nur Mittagszeit.
Um 13 Uhr ist Literaturnobelpreisvergabe-Uhrzeit.
Kühles Bier zum Feiern steht auch bereit ;)
11.10., 13:05 Uhr
Schade, den Literaturnobelpreis hab ich dieses Jahr (noch) nicht gekriegt.
Aber der Frust darüber ist nach 1,2 Frustbier sicher schnell versiegt.

Was sind denn schon rund 1 Million Euro Preisgeld? – Geld macht nicht glücklich.
Glücklich bin ich auch so meist mit Bier und Freunden täglich.
Was hab ich von Ehre und Ruhm? – Nur unnötigen Rummel.
So kann ich weiterhin machen ruhige Bier-Einkaufsbummel.
Vielleicht gibt's ja mal einen Preis für große „Bier-Verdienste".
Solch einer wäre mir dann eh der Begehrteste, der Liebste.

Geschenkkorb / Picknickkorb mit Bier und „Bier-Gedichte"

Solch ein Bier-Gedichte/Bier-Geschenkkorb ist einer der Gaben,
die Mann/Frau muss haben.
Kann man etwas Schöneres geschenkt bekommen?
Solch ein Geschenk macht vor Glück ganz benommen.
Die Kombination Bier – Biergedichte ist ganz offensichtlich
für jeden Bierfreund essenziell lebenswichtich.

Bier-Lyrik

Mein Herr, meine Dame,
machen sie für Bier-Gedichte ruhig etwas Reklame.
Denn Bier ist es Wert,
dass man sich auch lyrisch nach ihm verzehrt
und es auf diese Weise ehrt,
wenn nicht sogar verehrt.

(Bier-)Gedicht

Schreib doch mal ein Gedicht.
Vielleicht sogar auch ein Biergedicht.
Für dich selbst oder für mich.
Wer weiß
  – vielleicht im nächsten Buch als Bonus ich's veröffentlich.

Weitere Bier-Gedichte

Ein Bier-Gedicht ist besser als kein Bier-Gedicht.
Zwei Bier-Gedichte sind besser als ein Bier-Gedicht.
…

Nach „Bier-Gedichte",
jetzt „Noch mehr Bier-Gedichte",
später eventuell „Weitere Bier-Gedichte"
oder gar „Bier-Liebes-Gedichte"?
Die Zukunft wird's zeigen.
Vielleicht schließt sich aber mit diesem Band schon der Reigen.

Es gibt noch mehr Themen als „Bier".
Beispiele gefällig? Dann schau hier:
Sex mit der Ex -
Hopp und Ex -
Wein – Schnaps – Liebe
Fernsehen – Fußball – Triebe
…

Aber ganz ehrlich,
Bier-Gedichteschreiben macht das Leben oft besser erträglich.
Ich mag nicht wirklich davon lassen,
drum hoch die (Bier-)Tassen!

Vorweihnachtszeit in Weil der Stadt

Nach mehreren Bier auf dem nächtlichen Weg nach Haus,
traf ich vorhin in Weil der Stadt vor dem Rathaus
den Weihnachtsbaum. Ich hab ihn gleich fotografiert
und somit Weihnachten auch hier dokumentiert.
Ich liebe die Weihnacht
und ich liebe Weil der Stadt bei Nacht.

Von Herzen

Du gibst mir dein spezielles Bier.
Ich geb dir mein Bier von hier.
Dein Herz schenkst du mir.
Ich schenk dir meines dafür.
Meins ist deins
und deins ist meins.

Wichtig

Sie: „Bin ich dir wie Bier so wichtig?"
Ich: „Richtig.
Bier ist mir schon auch wichtig.
Aber du bist mir sehr sehr wichtig.
Bier mag ich, bin aber nicht danach süchtig.
Dich lieb ich, weshalb ich bin nach dir süchtig.
Ich erwarte dich nachher ganz sehnsüchtig.
Dann werden wir uns lieben und Bier trinken ganz tüchtig."

Vier Dinge
Liebe und Sex
sind wie Wein und Bier.
Ich jedenfalls mag alle vier
und genieße sie wahnsinnig gern mit dir.

Süchtig nach dir
Ich brauch kein Haschisch, Heroin oder Kokain.
Mir steht nach ganz anderem der Sinn.
Ich bin süchtig nach dir,
da kann nicht mal mithalten ein Bier.
Du bist meine Wahnsinnsdroge.
Ich steh auf dich und unsere Dialoge.

Wish you were here (beer)
Ich wünschte mir,
du wärst hier
bei mir
auf ein, zwei Bier.

Und du bliebest dann
irgendwann bei mir
hier.
Wir tränken täglich zusammen Bier…

Bei mir zu Haus
geht's Bier nie aus.
Wish you were beer.
Ich wünschte mir,
du wärst Bier,
mein Bier.

Liebesrisiko

Sollen wir's riskieren?
Sollen wir's miteinander probieren?
Sollen wir unsere Bierkisten miteinander teilen
und bis ans Lebensende miteinander verweilen?
Ja, ja, ja, ja!
Ja, ja, ja, ja!

Das Leben ist schön

Könnte das Leben je schöner sein
als bei einer guten Flasche Wein?
Ja, mit DIR
beim BIER.

Bier und Du (Bierliebesgedicht)

Du bist der Alkohol in meinem Bier.
Ich bin schon ganz besoffen nach dir.
Du bist die Hefe in meinem Hefeweizen.
Du tust nicht mit deinen Reizen geizen.
Du bist im Pils die süße Bittere.
Ich in deiner Nähe ganz erzittere.
Du bist des Bieres prickelnde Kohlensäure.
Ich deine Freundschaft nie bereue.
Du bist brünett wie Bier.
Komm und tanze mit mir.
Du bist wie im Bier der Malz.
Ich nach dir mit der Zunge schnalz.
Du bist so zart wie Bierschaum.
Du bist mein schöner Traum.
Du bist wie im Bier der Hopfen.
Lass mich an deine Herzenstür anklopfen.
Du bist wies Bier ein Gedicht.
Ich liebe dich.

Warum? Darum!

Bier, warum lässt du mich heute im Stich?
Warum schmeckst du mir heute nicht?
Bier, warum tust du mir heute nicht gut?
Warum spendest du mir heute keinen Mut?
Gott sei Dank hab ich noch rechtzeitig die Antwort zu
alldem gefunden:
Ich hab aus Versehen alkoholfreies Bier getrunken

Nr. 141

Biermerksatz

Hast du gemocht das erste Bier,
dann trink auch Nummer zwei, drei und vier.
War das erste eher schlecht,
dann erst recht.

Nr. 142

Vom große Fressen und Saufen

Fressen und saufen,
saufen und fressen.
Aus dem großen Bierfass saufen.
Fettes und süßes Essen fressen.
Füllen bis der Magen kommt zum Überlaufen
und raus würgt er Trank und Essen.
So verläuft das große Fressen.
Sich ganz der Lust hingeben
und dabei weiter Krug um Krug heben.
Hoch die Tassen!

Massenhaft Bier durch die durstigen Kehlen rinnen lassen.
Tags drauf kann man meist sein eigenes Verhalten nicht
mehr fassen.
Und man nimmt sich vor, dies in Zukunft bleiben zu lassen.
Aber es kommt wie so oft, ach,
die meisten Menschen bleiben schwach.
Und so hat der Menschenkörper weiter seine liebe Not,
bis er irgendwann dann ist tot.

Nr. 143

Glücksspirale

Ich trinke mehr Bier, weil ich viel schreibe.
Ich schreibe viel, weil ich mehr Bier trinke.
Ich liebe dich mehr und mehr, je länger ich dich kenne.
Je länger ich dich kenne, umso mehr liebe ich dich.
Wohin wird das nur führen?
Irgendwann werde ich vielleicht der glücklichste Mensch der
Welt sein, der seine Zeit (fast) nur noch mit Bier trinken,
Schreiben und Lieben verbringt.

Bonus / Zugaben
Auswahl an Biergedichten von Freunden

Bier-Hupferl´
Abend ist´s, die Glieder werden schwer.
Wo bekomm ich jetzt ein Bier nur her?
Das Zu-Bett-gehn
wäre nochmal so schön,
könnte ich was Kühles genießen,
um diesen Abend zu versüßen.
(Tabea Roth)

Dichten über Bier
Viel einfacher, als gedacht-
Worte, Verse, s´ist doch gelacht,
wie schnell es geht mit Bier
und Dir.
(Tabea Roth)

Gemeinsames verbindet
Ob „ich" ob „du"
ob "er" ob „sie"
aus alledem wird schnell <u>ein</u>
        „wir".
Bei einem frischen, kühlen Bier.
(Helmut Dietz, gedichtet in der Fastenzeit)

Wandern
Berg rauf, Berg runter
s' kommt no schlimmer.
Die Baitz hat zu,
a Bier gibt's nimmer.
(Reinhard Weltz)

Stoßgebet
Herr, schmeiß Bier ra.
(Reinhard Weltz)

Eine Ode an das Biermaß
Ich trieb so nächtens mich umher
unter meinen Linden.
Da kam ein Kaufmann zu mir her,
fragt mich nach meim' Befinden.
Ich sag: „Kaufmann, und das muss ich sagen,
mir geht's schon richtig gut hier.
Das einzige was mir noch fehlt
- so rat er! Ein Maß Bier!"
(Max Rieger)

Osterbier
Oh Osterbier,
du bist bei mir
wie Harvey der Hase,
verrät mir meine Nase.
Müsste ich dich lange suchen,
würde ich ganz schön fluchen.
(Franziska und Julia Serr)

Biergedicht zur letzten Chemieklassenarbeit
Alle wissen's hier:
Am wichtigsten auf der Welt ist BIER!
Chemie brauch ich nach heute nie mehr,
deshalb ist die Arbeit auch so leer!
Ich will nicht nur im Lernen versinken,
sondern lieber einen trinken!
Ich mag eben nur die wirklich wichtigen Dinge im Leben,
dafür muss es doch ein paar Extrapunkte geben!!
(Vanessa Frenz)

Anmerkung mit Bierkrug zu einer Klassenarbeit
Wie jeder weiß:
Wer nichts weiß,
malt einen Kreis…
doch eigentlich bin ich ja klug,
drum male ich einen Bierkrug.
(Maurin Mehlhose)

Vorzug des Bieres
Das Beste an dem goldenen Nass
mit Sicherheit und ohne Frage
ist im Rauschzustand der ganze Spaß
und nicht der Kater am nächsten Tage.
(Dominic Berner)

Bierbrauer-Limerick

Ich hab mir mal ein Bier gebraut,
das hat mich einfach umgehaut.
Das Rezept war spontan,
das heißt ohne Plan.
Schade, dass keiner zugeschaut.
(Alexander Quadt)

Helmuts Bierweisheit

Ein Bier war einmal so traurig, dass es sich ein Brüderchen
wünschte,
doch wurden es dann Fünflinge und alle Trauer war verstoben!
(Helmut Däuble)

Flexible Biertrinkgefäßvergrößerungseinrichtung
(Reichels revolutionäre Erfindung)

Jeder Biertrinker kennt das Problem: Ein Volumen Bier aus der Flasche bzw. aus dem Fass lässt sich nicht schnell in ein für dieses Volumen vorgesehene Bierglas einschenken. Versucht man es dennoch, so kann das flüssige Bier leicht über den Glasrand laufen bzw. es bildet sich so viel Schaum, dass zunächst kein sofortiges weiteres Befüllen des Glases mehr möglich ist. So ist es zum Beispiel, insbesondere für den nur gelegentlichen Biertrinker, nicht einfach, schnell aus einer Flasche mit 0,5 Liter Weizenbier dieses Bier in ein 0,5 Liter fassendes Weizenbierglas ohne Bierverlust einzuschenken. Unerfahrene Biereinschenker konnten bisher verzweifeln.

Aber langsames, sehr vorsichtiges Einschenken von Bier bzw. sogar zweimaliges Einschenken mit dazwischen langdauerndem Setzenlassen des Schaumes sowie Bierverluste, nasse Gläser und nasse Hände waren gestern! Im baldigen Zeitalter der Reichelschen revolutionären Erfindung - der „ Flexiblen Biertrinkgefäßvergrößerungseinrichtung"- wird das alles kein Problem mehr sein.

Generell könnte man schäumende Getränke, wie Bier zwar in größere Krüge oder Gläser füllen, was aber wohl vielerorts ein teures Anschaffen neuer Krüge oder Gläser erfordern würde. Auch würden viele Biertrinker ein solches Bier, wegen seiner nicht oder nur unvollständig über den Bierkrug oder Bierglas ragenden Schaumkrone ablehnen. Ebenso geht das aus ökologischen Gesichtspunkten nicht. Nach dem Stand der Technik sind die bisherigen wenig bekannten Trinkgefäß-Aufsätze ziemlich unhandlich, sperrig und lassen sich vor allem bezüglich unterschiedlicher Umfanggrößen der Trinkgefäßränder nicht bzw. nur wenig anpassen. Ein Aufsatz ist nur für eine bestimmte Umfanggröße verwendbar.

Die Aufgabe der Reichelschen Erfindung bestand darin, Biertrinkgefäße, wie zum Beispiel Bierkrüge, Biergläser mittels einer handlichen, flexiblen, stufenlos den gängigen Biertrinkgefäßumfängen anzupassenden Biertrinkgefäßvergrößerungseinrichtung in ihrer Höhe so zu vergrößern, dass ein schnelles Befüllen dieser Trinkgefäße ohne Bierverlust und ohne besondere Achtsamkeit möglich ist. Diese Aufgabe wurde durch ein flexibles Klettband aus inertem, lebensmittelechtem, vorzugsweise gummielastischem Material mit Klettverschluss gelöst. Das Klettband wird in 1-2 Sekunden um den äußeren Gefäßrand gelegt, wobei ein Teil des Bandes den Gefäßrand nach unten überlappt. Der andere Teil ragt über den Gefäßrand. Erfindungsgemäß passt sich dieses Band stufenlos Kreisumfängen im Bereich 15 cm bis 60 cm an. Damit werden die üblichen Umfänge der Biertrinkgefäßränder abgedeckt. Das Band liefert die fehlenden cm bezüglich der Höhe des Trinkgefäßes, um gebildeten Schaum aufnehmen zu können und nicht überlaufen zu lassen. Die erfindungsgemäße Biertrinkgefäßvergrößerungseinrichtung ist insbesondere zum Befüllen von Trinkgefäßen (Krüge, Gläser etc.) mit schäumendem Inhalt wie Bier geeignet. Sie ist problemlos von Biertrinkern mitzuführen, da sehr biegsam und dadurch in eine handelsübliche Hosentasche passend bzw. von den Wirten platzsparend lagerbar. Sogar als Gürtel kann sie zusätzlich dienen. Die Reichelsche Biertrinkgefäßvergrößerungseinrichtung ist aus einem Material, an welchem hydrophile Flüssigkeiten abperlen. Nach dem Einschenken des Bieres in das mittels der erfindungsgemäßen Biertrinkgefäßvergrößerungseinrichtung versehene Trinkgefäß kann die Biertrinkgefäßvergrößerungseinrichtung schon nach kurzer Zeit vom Trinkgefäß entfernt werden. Zurück bleibt ein optimal eingeschenktes Bier inklusive stabiler Schaumkrone. Die erfindungsgemäße Biertrinkgefäßvergrößerungseinrichtung ist nach Gebrauch durch einfaches Abwischen der abperlenden Flüssigkeit bzw. des abperlenden Schaums mit einem Wischtuch (z.B. aus Papier) wieder verwendbar und nach mehrmaligem Gebrauch problemlos mit etwas Spülmittel versetztem Wasser zu reinigen. Darüber hinaus kann mit der erfindungsgemäßen Biertrinkgefäßvergrößerungseinrichtung aus einem kleinen Trinkgefäß ein größeres gemacht werden, da über die erfindungsgemäße Biertrinkgefäßvergrößerungseinrichtung auch direkt getrunken werden kann.

Zum Schutz dieser genialen Erfindung wurde die „Flexible Biertrinkgefäßvergrößerungseinrichtung" als Gebrauchsmuster (Veröffentlichungsnummer: DE 202012007638U1) angemeldet, schließlich könnte bei weltweit geschätzten zwei Milliarden Biertrinkern ein riesengroßes Kaufinteresse bestehen.

BUNDESREPUBLIK DEUTSCHLAND
URKUNDE

über die Eintragung des

Gebrauchsmusters

Nr. 20 2012 007 638.8

IPC
B67D 1/04

Bezeichnung
Flexible Biertrinkgefäßvergrößerungseinrichtung

Gebrauchsmusterinhaber
Reichel, Alfred, 71263 Weil der Stadt, DE

Tag der Anmeldung
09.08.2012

Tag der Eintragung
18.09.2012

Die Voraussetzungen der Schutzfähigkeit, insbesondere die Neuheit des Gegenstandes wurden im Eintragungsverfahren nicht geprüft.

Die Präsidentin des Deutschen Patent- und Markenamts

Rudloff-Schäffer

Bierkurzgeschichten

Ein kurzer Ausflug auf die andere Seite

Sekundenherzinfarkt – Helles Licht, Tunnel, Licht verblast –
In einer Kneipe, Marilyn Monroe bedient und stellt wunderbares Bier vor ihn hin, himmlisch – am Nachbartisch singt
Janis Joplin gerade aus ihrem Song What Good Can Drinkin'
Do die Stelle „Lord, I'm feelin' lowdown, just give me another
glass of beer" und wird von Jimi Hendrix mit der Gitarre
begleitet. – Das erste Bier ist schnell leer. Er will sich gerade
das zweite Bier direkt bei dem Herrn hinter der Theke bestellen, da schaut der ihn herzlich lächelnd an und sagt: „Mein
Freund, das nächste Bier gibt's für dich hier erst in circa
40 Jahren". Und im selben Moment wird er ins Erdenleben
zurückgeholt. – Seither hat er keine Angst mehr davor, was
die Zukunft bringt.

Gewonnen

Wir schreiben das Jahr 2020. Er hat gewonnen. Er hat tatsächlich den 3. Hauptpreis gewonnen. Insgeheim ist das auch
der Preis, den er am Liebsten gewinnen wollte. Der 1. Preis
1 Million Euro, der Zweite ein Sportwagen im Wert von
140 000 Euro und eben dieser für ihn geniale 3. Preis. Er darf
in Zukunft deutschlandweit bis zu seinem Lebensende in
jeder Kneipe, in jeder Wirtschaft, in jedem Restaurant UMSONST Bier trinken. Lebenslang Freibier, soviel, sooft und
wo er will! Es gibt keinen schöneren Preis.

Entschuldigen mit Bier

Er hatte Mist gebaut und wollte sich nachher bei ihr, seiner Bierkönigin, mit einem speziellen Strauß entschuldigen. Er hielt an einer Getränkegroßhandlung und fragte nach einem Strauß Bier. Der Händler stellte ihm einen aus 10 Flaschen Weizen, 4 Flaschen Pilz und 2 Flaschen Export zusammen.

28.10.2012 – Winterliche Herbstlandschaft

Wie in einem Bierkeller kalt ist's draußen. Diese herrliche Schneelandschaft sieht aus, als wäre sie von wunderbarem Bierschaum bedeckt. Dazwischen blitzen goldgelbe Herbstblätter wie goldenes Bier hervor. Bierschaumwolken bedecken fast vollständig den Himmel. Nur an wenigen Stellen strahlt in bierfarbenem Gold die Sonne durch die Wolkendecke. Bier, Bier, wohin das Auge reicht.

Sehr kurze Bierkurzgeschichte

Durst - Bier- Happy End

Über den Autor

Alfred Reichel wurde am 24.10.1961 in Stuttgart geboren. Seine Geburt gestaltete sich insofern schwierig, als dass er schon nach acht Monaten als Zangengeburt auf die Welt kam. Mit nur 2750 g Geburtsgewicht war er das Leichtgewicht in der Klinik. Um ihn aufzupäppeln, bekam er dort mehr Mahlzeiten als die anderen. Essen und Trinken waren also schon von Beginn an wichtig.

Seine Kindheit verlief bis auf die Tatsache, dass er irgendwann einmal von einem Affen gebissen wurde, normal.

Nach dem Abitur interessierten ihn Chemie, Essen und Trinken, insbesondere Bier.

Er studierte folgerichtig Lebensmitteltechnologie an der Uni Hohenheim. Als Lebensmittel-Ingenieur arbeitete er fast 15 Jahre bei der Firma Eckes in Nieder-Olm.

Seit 2004 wohnt er wieder in Weil der Stadt und verdient sein täglich Bier als Chemielehrer in Stuttgart.

2011 errang er zweimal den Tagessieg beim Paulaner Advents-Gedichte-Wettbewerb 2011.

2012 und 2013 outete er sich einem größeren Publikum als großer Bierliebhaber mit den beiden Gedichtbänden „Bier-Gedichte" und „Noch mehr Bier-Gedichte". Außerdem reichte er seine Erfindung „Flexible Biertrinkgefäßvergrößerungseinrichtung" als Gebrauchsmusteranmeldung an das Deutsche Patent- und Markenamt in München ein.

Reichels Bier-Motto: **Ein Bier ist besser als kein Bier...**

Der Autor in einem Bier-
garten am Ammersee am
8.9.2012

Der Autor im Englischen
Garten in München,
24 Jahre alt, beim
Sammeln von
individuellen
Erfahrungen rund ums
Bier.

Inhaltsverzeichnis

Eigene individuelle Erfahrungen rund ums Bier: